Iqra Tabassum
Alim un Nisa
Asad ur Rehman

Triumph über Brustkrebs

Iqra Tabassum
Alim un Nisa
Asad ur Rehman

Triumph über Brustkrebs

ScienciaScripts

Cover image: www.ingimage.com

This book is a translation from the original published under ISBN 978-620-5-63878-1.

Publisher:
Sciencia Scripts
is a trademark of
Dodo Books Indian Ocean Ltd. and OmniScriptum S.R.L publishing group

120 High Road, East Finchley, London, N2 9ED, United Kingdom
Str. Armeneasca 28/1, office 1, Chisinau MD-2012, Republic of Moldova, Europe
Printed at: see last page
ISBN: 978-620-7-39448-7

Inhalt:

Einführung von Brustkrebs

Krebs:

Krebs ist eine Krankheit, bei der einige Körperzellen unkontrolliert wachsen und auf andere Teile des Körpers übergreifen. Krebs kann an jeder beliebigen Stelle im menschlichen Körper entstehen, der aus Billionen von Zellen besteht.

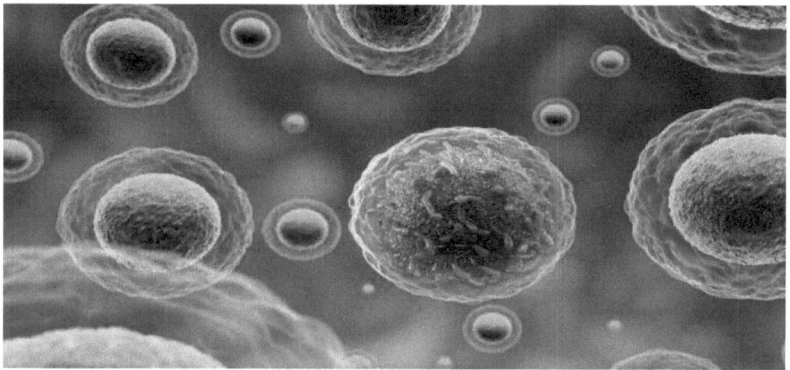

Abbildung Nr. 1: Dieses Bild zeigt die Krebszellen.

Brustkrebs:

Brustkrebs ist ein bösartiger Tumor, der in den Zellen der Brust entsteht. Ein bösartiger Tumor ist eine Art von Krebszellen, die sich in umliegendes Gewebe entwickeln oder auf andere Bereiche des Körpers ausbreiten können. Diese Art von Krankheit tritt vor allem bei Frauen auf.

Brustkrebs kann an jeder Stelle der Brust entstehen, tritt aber hauptsächlich im oberen äußeren Quadranten auf, wo sich das meiste Brustgewebe befindet. Normalerweise beginnt Brustkrebs entweder in den Zellen der Läppchen, den milchproduzierenden Drüsen. Seltener kann Brustkrebs im Stromagewebe entstehen, das sowohl das Fett- als auch das Bindegewebe der Brust umfasst.

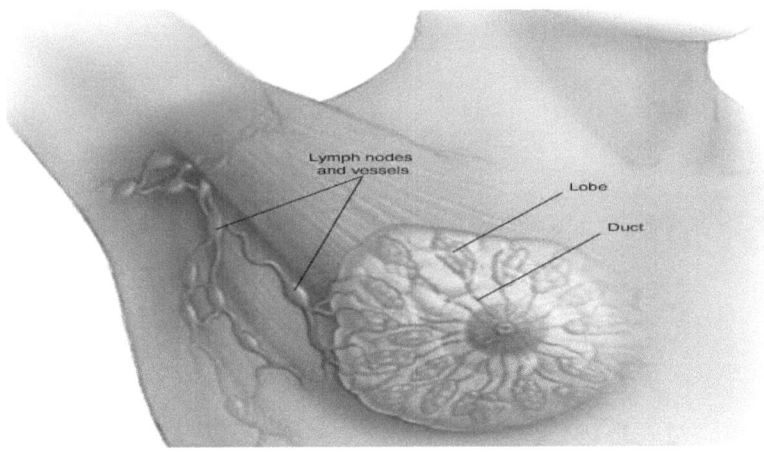

Abbildung 2: Dieses Bild zeigt den Brustkrebs bei Frauen.

Hintergrund von Brustkrebs:

Im Jahr 2020 werden weltweit 2,3 Millionen Frauen an Brustkrebs erkrankt sein und 685 000 Menschen daran sterben. Am Ende des Jahres 2020 waren 7,8 Millionen Frauen, die in den letzten fünf Jahren an Brustkrebs erkrankt waren, nicht gestorben, womit Brustkrebs die weltweit am weitesten verbreitete Krebsart ist. Bei 1 von 22 Frauen in Städten und 1 von 60 Frauen auf dem Land wird Brustkrebs diagnostiziert. Normalerweise tritt er in der Altersgruppe von 25 bis 50 Jahren auf, am häufigsten nach dem 40.

In einem Bericht des NCRP wurde grob errechnet, dass die Zahl der Brustkrebsfälle in Indien bis 2025 auf 15,7 lakhs ansteigen wird; 2020 waren es 13,9 lakhs.

Elizabeth Anne "Betty" Ford war First Lady und Ehefrau von Präsident Gerald Ford und hatte Brustkrebs. Sie machte auf Brustkrebs aufmerksam und setzte sich für Gleichberechtigung ein.

a) **Hippocrates** (460-370 BC): "Father of medicine"

b) **Galen** (131-203 A.D.): The humoral theory

c) **René Descartes** (1596-1650): The lymph theory

d) **Bernardino Ramazzini** (1633-1714): "Father of Occupational medicine"

e) **Henri François Le Dran** (1685-1770): "Metastasis" Theory

f) **Johannes Peter Müller** (1801-1858): "The Blastema Theory"

g) **William Stewart Halsted** (1852 – 1922): "Father of American Surgery." First radical mastectomy

h) **George Thomas Beatson** (1848 –1933): "The anti-hormonal theory." Oophorectomy

Abbildung 3: Dieses Bild zeigt die Krebs- und Brustkrebs-Pioniere.

Anatomie von Brustkrebs

Die Struktur der Brust:

Die Brüste bestehen aus Brustgewebe (auch Drüsengewebe genannt) und Fett sowie aus Nerven, Venen, Arterien und Bindegewebe, das alles an seinem Platz hält.

Das Brustgewebe ist ein komplexes Netzwerk aus Läppchen (kleine runde Säckchen, die Milch produzieren) und Milchgängen (Kanäle, die die Milch während des Stillens von den Läppchen zu den Brustwarzenöffnungen leiten) in einem Muster, das den Trauben ähnelt. Wir bezeichnen diese Gruppierungen als Läppchen.

Der große Brustmuskel (der Brustmuskel) befindet sich zwischen der Brust und den Rippen in der Brustwand.

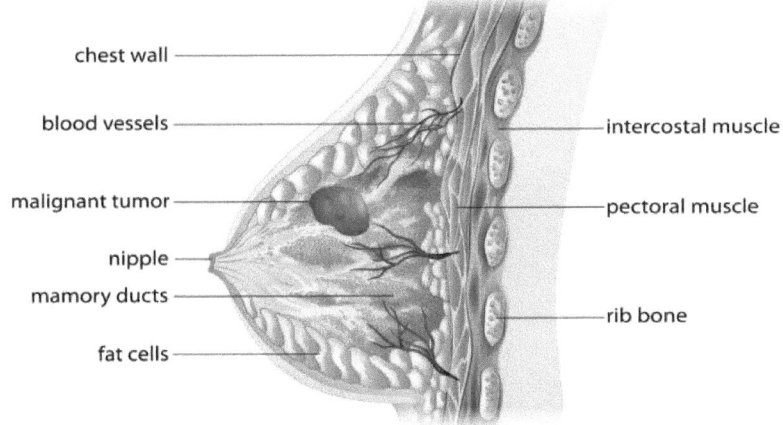

Abbildung 4: Dieses Bild zeigt die Anatomie der Brust

Zusammensetzung von Brustkrebs:

Sowohl Männer als auch Frauen haben Brüste, aber Frauen haben im Vergleich zu Männern mehr Brustgewebe.

Die weibliche Brust setzt sich aus verschiedenen Komponenten zusammen, unter anderem:

1- Die Läppchen, die Muttermilch absondern

2-Dukte, die die Milch zur Brustwarze leiten

3-Fettgewebe (Adipositas) sowie Bindegewebe (Fasern), das die Läppchen und Gänge umgibt.

Alle Brüste haben Fett- und Fasergewebe. Läppchen können auch als Drüsengewebe bezeichnet werden. Das Brustgewebe erstreckt sich vom Schlüsselbein über die unteren Rippen, das Brustbein (Sternum) und die Achselhöhle.

Die Brustläppchen und -kanäle:

Jede weibliche Brust besteht aus 15-20 Lappen oder Abschnitten. Jeder Lappen besteht aus vielen kleinen Säckchen, den sogenannten Läppchen (Milchdrüsen). Das sind die Läppchen, die bei stillenden Frauen Milch produzieren. Die Läppchen und Läppchen sind mit der Brustwarze durch Röhren verbunden, die die Milch zur Brustwarze leiten. Während des Stillens fließt die Milch durch die Brustwarze nach außen.

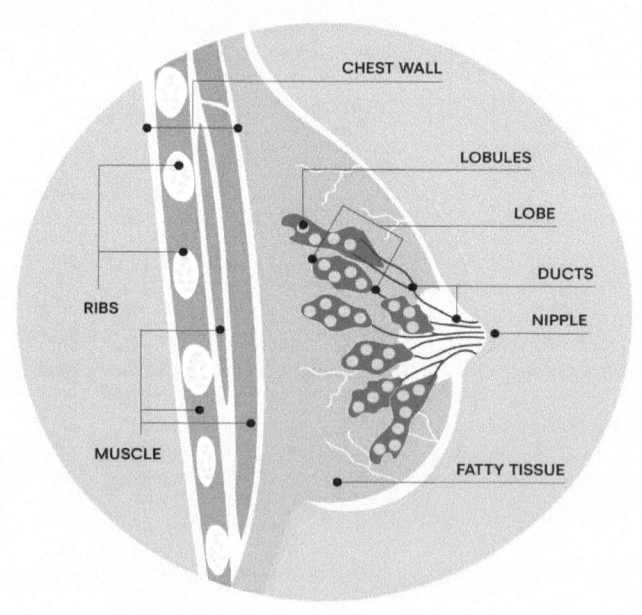

Lymphknoten:

Lymphknoten, auch Lymphdrüsen genannt, sind kleine, abgerundete Strukturen von etwa 1 mm bis 25 mm, die überall im Körper zu finden sind.

Die Lymphknoten sind Teil des lymphatischen Systems. Das Lymphsystem ist ein Hauptbestandteil des Immunsystems, das den Körper vor Krankheiten, Geschwüren und Infektionen schützt. Es besteht aus einem Netz von dünnen Röhren, den sogenannten Lymphgefäßen, die überall im Körper ihren Ursprung haben.

Diese Lymphgefäße transportieren eine klare Flüssigkeit, die Lymphe, zwischen den Lymphknoten. Die Lymphknoten reinigen die Lymphe, um für den Körper gefährliche Stoffe wie Bakterien oder Krebszellen zu entfernen. Dies hilft, den Körper vor Krankheiten oder Infektionen zu schützen. Die Lymphe kehrt dann in das Blut zurück.

Die der Brust am nächsten gelegenen Lymphknoten befinden sich in der Achselhöhle und werden als Axillarknoten bezeichnet. Die Achselknoten leiten die Lymphe aus dem umliegenden Gewebe ab und schließen die Brust mit ein. Es gibt auch Lymphknoten unterhalb des Brustbeins (innere Brustknoten) und am Hals (supraklavikuläre Knoten). Die Anzahl der Lymphknoten ist von Mensch zu Mensch unterschiedlich. In der Achselhöhle befinden sich normalerweise etwa 15-30 Lymphknoten.

Der Grund dafür ist, dass die Lymphgefäße die Lymphe weit weg von der Brust transportieren. Beim Auftreten von Brustkrebs können Krebszellen in die Lymphgefäße eindringen und in den Lymphknoten zu wachsen beginnen. Die Achselknoten sind häufig der erste Ort, an dem sich der Krebs außerhalb der Brust ausbreitet. In der Regel werden in einem chirurgischen Eingriff ein oder mehrere Achselknoten entfernt, um die Ausbreitung des Krebses zu überprüfen. Krebs, der von den Lymphknoten ausgeht, hat Auswirkungen auf die Stadieneinteilung und die Behandlung von Brustkrebs.

Normale Veränderungen in der Brust:

Die weibliche Brust macht im Laufe des Lebens verschiedene normale Veränderungen durch. Für diese Veränderungen sind meist Hormone verantwortlich. Sie können mit der Schwangerschaft, dem Menstruationszyklus oder dem normalen Alterungsprozess zusammenhängen. Die Mehrzahl der Brustveränderungen ist nicht krebsartig. Sollten Sie dennoch eine ungewöhnliche Brustveränderung bemerken, ist es wichtig, dass Sie Ihren Arzt aufsuchen, damit sie so bald wie möglich untersucht werden kann.

Im Laufe des Lebens kommt es zu typischen Veränderungen der Brüste:

- **Schwangerschaftsbedingte Veränderungen an den Brüsten:**

Während der Schwangerschaft verändern sich die Brüste in ihrer Zusammensetzung für das Stillen nach der Geburt. Der Warzenhof, der die Brustwarze umgibt, wird größer und dunkler. Die Läppchen (Milchdrüsen) der Brust entwickeln sich in Größe und Anzahl. Sie beginnen auch, Milch zu produzieren, damit die Mutter ihr Kind stillen kann.

- **Hormonelle Veränderungen wirken sich auf die Brüste aus:**

Im Laufe der Entwicklung einer Frau von der Vorpubertät über die Pubertät und die Schwangerschaft bis hin zur Menopause werden die Brüste von verschiedenen Arten von Hormonschwankungen beeinflusst. Während der Pubertät sorgen die von den Eierstöcken produzierten Hormone (z. B. Östrogen) für Wachstum und Entwicklung der Brust. Nach der Pubertät verändern sich die Hormone Östrogen und Progesteron während des monatlichen Menstruationszyklus einer Frau. Je nach Monatszeitpunkt können die Brüste vergrößert oder empfindlich sein.

Während der Schwangerschaft produziert der Körper zusätzlich Östrogen und Progesteron, die das weitere Wachstum und die Entwicklung der Brust auslösen, um die Mutter auf das Stillen vorzubereiten.

Um die Zeit der Menopause (Wechseljahre) stellen die Eierstöcke die Produktion der weiblichen Hormone einschließlich Östrogen ein. Ohne Östrogen nimmt das Brustgewebe an Größe ab. Die monatlichen Menstruationszyklen hören in der Menopause oder nach der Menopause auf.

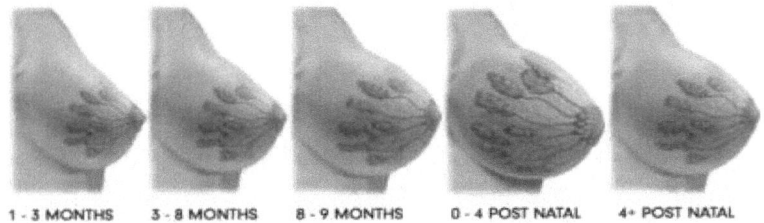

1 - 3 MONTHS   3 - 8 MONTHS   8 - 9 MONTHS   0 - 4 POST NATAL   4+ POST NATAL

Abbildung 6: Dieses Bild zeigt die Veränderungen der Brust während der Schwangerschaft

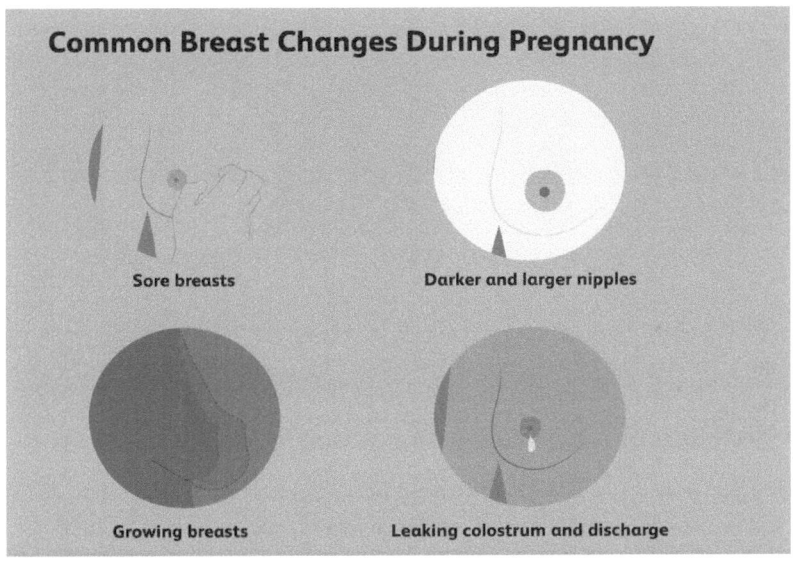

Common Breast Changes During Pregnancy

Sore breasts   Darker and larger nipples

Growing breasts   Leaking colostrum and discharge

Abbildung Nr. 7: Dieses Bild zeigt die üblichen Brustveränderungen während der Schwangerschaft.

Arten von Brustkrebs:

1-Nicht-invasives duktales Karzinom in situ (DCIS).

2-Infiltrierendes duktales Karzinom.

3-Entzündeter Brustkrebs.

4-Wenige andere besondere Arten.

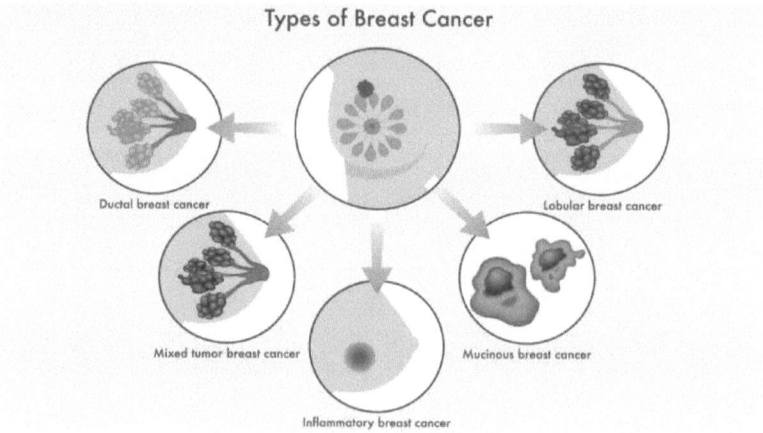

Abbildung 8: Dieses Bild zeigt die verschiedenen Arten von Brustkrebs.

1-Nicht-invasives duktales Karzinom in situ (DCIS):

DCIS ist **eine** nicht-invasive Krebsart, bei der abnorme Zellen in der Auskleidung eines Brustkanals entstehen, aber nicht in das umliegende Gewebe eingedrungen sind. Der Begriff "in situ" bedeutet "an seinem ursprünglichen Ort" und zeigt, dass die Krebszellen auf die Gänge beschränkt sind und nicht in das umliegende Gewebe eingedrungen sind. DCIS gilt als Vorstufe zu invasivem Brustkrebs.

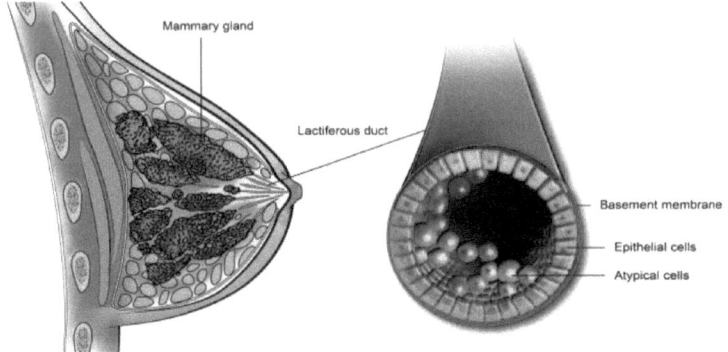

Abbildung 9: Dieses Bild zeigt das duktale Karzinom in situ.

2-Infiltrierendes duktales Karzinom:

Die häufigste Form von Brustkrebs ist das infiltrierende duktale Karzinom (IDC), manchmal auch als invasives duktales Karzinom bezeichnet. IDC macht etwa 75 % aller Fälle von Brustkrebs aus.

Wenn ein Krebs invasiv ist, hat er sich auf das gesamte Brustgewebe ausgebreitet. Duktaler Krebs bezieht sich auf Krebs, der in den Röhren beginnt, die die Milch von den Läppchen zur Brustwarze leiten, den so genannten Milchgängen. Jeder Krebs, der in der Haut oder in anderen Geweben, die die inneren Organe bedecken, wie das Brustgewebe, beginnt, wird als Karzinom bezeichnet. Das invasive duktale Karzinom weist einige Merkmale auf, darunter:

➢ **Herkunft:**

IDC beginnt in den Milchgängen der Brust, d. h. in den Schläuchen, die die Milch von den Läppchen, in denen sie gebildet wird, zur Brustwarze leiten.

➢ **Invasivität:**
➢ Wie der Name schon sagt, ist das invasive duktale Karzinom dadurch gekennzeichnet, dass es die Wand des Duktus durchbricht und in das nächstgelegene Gewebe der Brust eindringt.
➢ **Histologische Merkmale:**

Pathologische Untersuchung: Die Diagnose wird in der Regel durch eine Biopsie bestätigt, bei der eine kleine Gewebeprobe entnommen und unter einem Mikroskop untersucht wird.

Benotung:

IDC wird häufig danach eingestuft, wie anormal die Zellen aussehen und wie schnell sie sich teilen. Die Einstufung hilft, die Aggressivität des Krebses zu bestimmen.

➢ **Molekulare Subtypen:**

Hormonrezeptor-Status: IDC-Tumoren können Hormonrezeptoren wie Östrogen- und Progesteronrezeptoren exprimieren, was sie für hormonbasierte Therapien empfänglich macht.

HER2-Status: Einige IDCs können das HER2/neu-Gen überexprimieren, wodurch sie auf zielgerichtete Therapien wie Herceptin ansprechen.

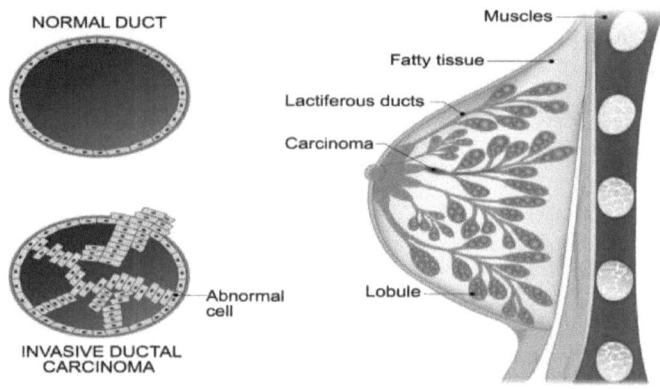

Abbildung Nr. 10: Dieses Bild zeigt das invasive duktale Karzinom.

3-Entzündeter Brustkrebs:

Entzündlicher Brustkrebs (IBC) ist eine seltene und gefährliche Form von Brustkrebs, die sich durch ein schnelles Auftreten von Symptomen auszeichnet. Im Gegensatz zu anderen Brustkrebsarten zeigt sich IBC oft nicht in Form eines auffälligen Knotens oder einer Masse, was seine Diagnose schwierig machen kann. Stattdessen manifestiert er sich typischerweise mit Rötung, Schwellung und Wärme in der Brust. Die betroffene Brust kann auch größer erscheinen, sich schwer anfühlen und ein löchriges oder grübchenartiges Aussehen haben, ähnlich wie die Haut einer Orange.

Hier sind einige wichtige Merkmale und Details über entzündlichen Brustkrebs:

> **Die Symptome:**

Rascher Beginn: IBC neigt dazu, sich schnell zu entwickeln, wobei die Symptome innerhalb eines kurzen Zeitraums, manchmal innerhalb weniger Wochen, auftreten.

Veränderungen an der Brust: Rötungen, Schwellungen und Wärmegefühl in der Brust sind häufig. Die Haut kann rötlich-violett erscheinen und kann ein strukturiertes oder geripptes Aussehen haben.

Peau d'Orange: Die Haut kann aufgrund ihrer geriffelten Beschaffenheit der Schale einer Orange ähneln.

Schmerzen: Die Brust kann sich empfindlich oder schmerzhaft anfühlen.

Die Diagnose:

Klinische Untersuchung: Die Diagnose beginnt oft mit einer körperlichen Untersuchung durch eine medizinische Fachkraft, der die charakteristischen Veränderungen an der Brust auffallen können.

Biopsie: Eine Biopsie ist notwendig, um die Diagnose zu bestätigen. Dabei wird eine kleine Gewebeprobe aus dem betroffenen Bereich entnommen und unter dem Mikroskop untersucht, um Krebszellen zu identifizieren.

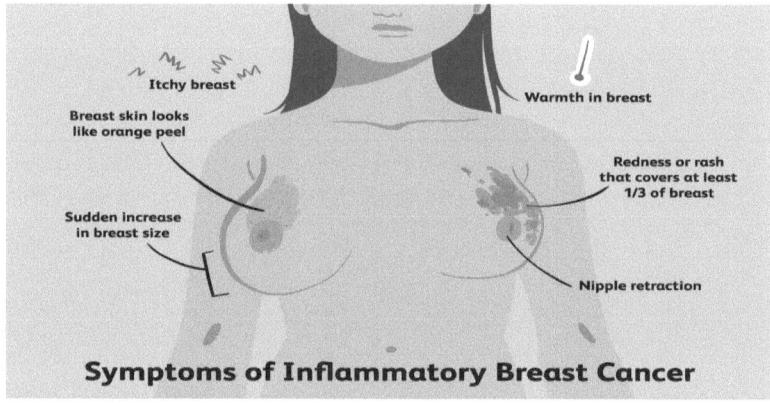

Abbildung Nr. 11: Dieses Bild zeigt den entzündlichen Brustkrebs.

4-Andere spezifische Arten von Brustkrebs:

Invasives lobuläres Karzinom (ILC):

ILC entwickeln sich in den Läppchen der Brust, die Milch produzieren, und breiten sich meist auf das umliegende Gewebe aus. Die spezielle Art von Brustkrebs, die in den Brustläppchen beginnt, wird als invasives lobuläres Karzinom (ILC) bezeichnet. Die milchproduzierenden Drüsen werden als Läppchen bezeichnet, und das invasive lobuläre Karzinom macht etwa 10 bis 15 % aller invasiven Brustkrebserkrankungen aus.

- **Die Symptome:**

Im Anfangsstadium kann das invasive lobuläre Karzinom keine Anzeichen und Symptome verursachen. Wenn sich das invasive lobuläre Karzinom ausbreitet, kann es zu Beschwerden führen:

- o Eine Verdickung in einem Teil der Brust
- o Ein neuer Bereich der Fülle oder Schwellung in der Brust
- o Eine Veränderung der Textur oder des Aussehens der Haut über der Brust, wie z. B. Grübchen oder Verdickungen
- o Eine neu umgedrehte Brustwarze
- o Das invasive lobuläre Karzinom verursacht seltener als andere Arten von Brustkrebs einen starken oder spezifischen Knoten in der Brust.

- **Herkunft und Wachstum:**

  ILC beginnt in den Läppchen der Brust, den Strukturen, die Milch produzieren. Er wird als "invasiv" bezeichnet, weil die Krebszellen das

  Kann in nahe gelegenes Gewebe eindringen und sich auf andere Körperteile ausbreiten.

Anders als das invasive duktale Karzinom (IDC), die häufigste Form von Brustkrebs, bildet das ILC oft keinen spezifischen Knoten. Stattdessen breitet er sich eher diffus über das gesamte Brustgewebe aus.

- **Eigenschaften der Zellen:**

Die Krebszellen der ILC sind durch einen Verlust des Adhäsionsproteins E-Cadherin gekennzeichnet. Dieser Verlust an Adhäsion trägt dazu bei, dass sich die Zellen ausbreiten und in das nächste Gewebe eindringen können.

ILC-Zellen können in einreihigen Mustern auftreten und weisen nicht den Zusammenhalt auf, der bei anderen Arten von Brustkrebs zu beobachten ist.

- **Die Diagnose:**

Die Diagnose wird in der Regel durch eine Kombination aus bildgebenden Untersuchungen wie Mammographie, Ultraschall und MRT sowie einer Biopsie zur Untersuchung und Erkennung des Brustgewebes und zur Bestätigung des Vorhandenseins von Krebszellen gestellt.

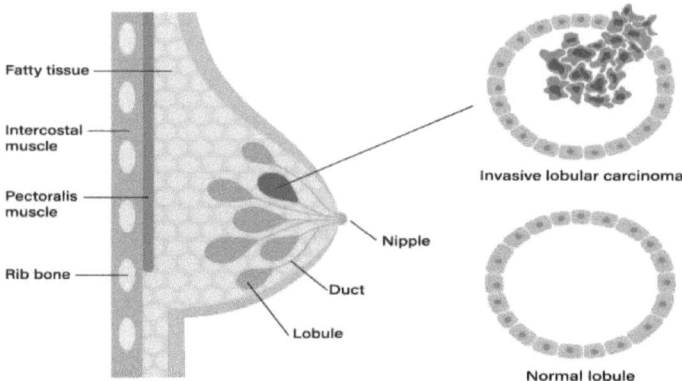

INVASIVE LOBULAR CARCINOMA

Fatty tissue

Intercostal muscle

Pectoralis muscle

Rib bone

Nipple

Duct

Lobule

Invasive lobular carcinoma

Normal lobule

Abbildung 12: Dieses Bild zeigt ein invasives lobuläres Karzinom.

> **Brustkrebs mit dreifach negativem Status:**

TNBC ist durch das Fehlen von Östrogenrezeptoren, Progesteronrezeptoren und HER2/neu-Rezeptoren gekennzeichnet. Diese Art ist oft aggressiver und kann schwierig zu behandeln sein. Triple-negativer Brustkrebs (TNBC) ist eine seltene Form des invasiven Brustkrebses. Er macht 15 % aller invasiven Brustkrebsfälle aus. Im Gegensatz zu den meisten anderen Brustkrebsarten weisen dreifach negative Brustkrebszellen die folgenden Merkmale nicht auf:

- **Östrogen- und Progesteronrezeptoren:** Die Hormone Östrogen und Progesteron haben in etwa zwei Dritteln der Brustkrebsfälle Rezeptoren. Rezeptoren sind Moleküle auf der Zelloberfläche, die erkennen, welche Stoffe sich an die Zellen anlagern können und welche Auswirkungen sie auf die Zellen haben. Dreifach-negative Brustkrebszellen haben keine derartigen Rezeptoren.
- **HER2-Rezeptoren:** 15 % bis 20 % der Brustkrebsfälle werden durch HER2-positive Zellen verursacht, die auf den HER2-Signalweg angewiesen sind, um sich zu teilen und schnell zu wachsen. Dieses Gen stellt das HER2-Protein her, das auch spezifische Rezeptoren enthält. Triple-negative Brustkrebszellen haben keine HER2-Rezeptoren.

- **Die Symptome:**

Die Symptome von triple-negativem Brustkrebs sind die gleichen wie bei anderen häufigen Brustkrebsarten. TNBC-Symptome können sein:

- o Eine neue Geschwulst oder Masse.
- o Schwellungen in allen Teilen der Brust.
- o Grübchenhafte Haut.
- o Schmerzen und Reizungen der Brüste oder Brustwarzen.
- o Einziehen der Brustwarze, wenn sich die Brustwarze nach innen dreht.
- o Raue, schuppige, verdickte oder rote Haut an den Brustwarzen oder der Brust.
- o Ausfluss aus der Brustwarze, der nicht von der Muttermilch stammt.
- o Geschwollene Lymphknoten. Diese Symptome treten auf, wenn sich Brustkrebs auf die Lymphknoten unter Ihrem Arm oder in der Nähe Ihres Schlüsselbeins ausbreitet.

Denken Sie daran, dass viele Symptome von Brustkrebs denen anderer ernsterer Erkrankungen ähneln, wenn Sie Ihre Situation betrachten. Das bedeutet, dass bestimmte Symptome nicht unbedingt bedeuten, dass Sie Brustkrebs haben.

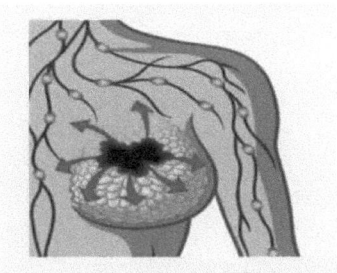

Dreifach negativer Brustkrebs

> ➢ **HER2-Positiver Brustkrebs:**

Diese Art von Brustkrebs ist durch eine Überexpression des HER2/neu-Gens gekennzeichnet. Er kann selten und lebensfeindlich sein, aber gezielte Therapien wie Trastuzumab (Herceptin) sind bei seiner Behandlung sehr wirksam. Als HER2-positiv untersuchter Brustkrebs neigt dazu, sich schneller zu entwickeln, zu streuen (metastasierender Brustkrebs) und wiederzukehren.

HER2-positiver Krebs kann zwar aggressiv sein, spricht aber auch besser auf eine Brustkrebsbehandlung an, die auf HER2-Proteine abzielt. Es gibt keine ungewöhnlichen Symptome oder Risikofaktoren, die mit HER2-positivem Brustkrebs in Verbindung gebracht werden, auch wenn einige Studien darauf hindeuten, dass HER2-positiver Brustkrebs bei jüngeren Frauen häufiger vorkommt.

Symptome von HER2-positivem Brustkrebs:

HER-positiver Brustkrebs weist keine besonderen Symptome auf. Häufige Anzeichen für diese Art von Brustkrebs stimmen mit den üblichen Brustsymptomen überein und können durch eine Mammographie bei der routinemäßigen Brustkrebsvorsorge entdeckt werden:

- o Veränderungen der Brustform
- o Masse oder verdächtiger Befund bei einer Mammographie
- o Knoten in der Brust
- o Schmerzen in Brust oder Brustwarze
- o Ausfluss aus der Brustwarze
- o Inversion der Brustwarze Anschwellen der Brust
- o Verdickung der Brustwarzenhaut
- o Faltenbildung in der Brust

HER2-positiver Brustkrebs wird durch das Vorhandensein von überschüssigen HER2-Proteinen definiert, die getestet werden müssen und nicht durch Symptome erkannt werden können.

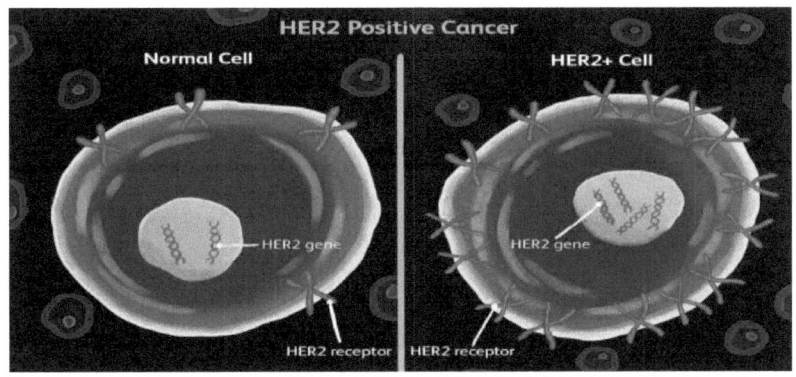

Abbildung 13: Dieses Bild zeigt die HER2-positiven Krebszellen.

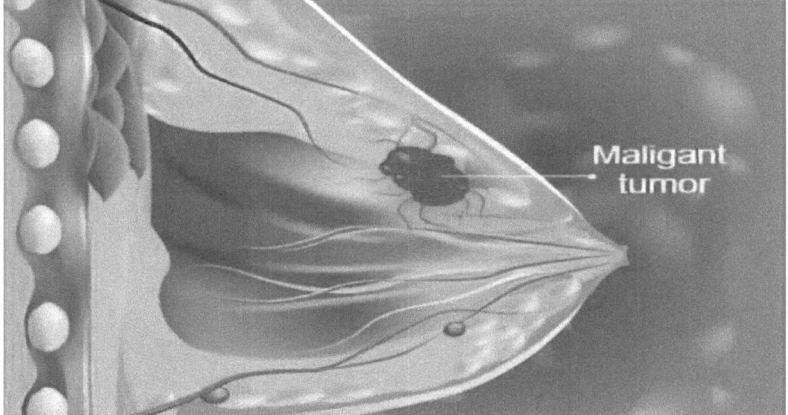

Abbildung 14: Dieses Bild zeigt den HER2-positiven Brustkrebs.

➤ **Metastasierender Brustkrebs:**

Metastasierender Brustkrebs, auch bekannt als Brustkrebs im Stadium IV, tritt auf, wenn sich der Brustkrebs auf einen anderen Teil des Körpers ausbreitet, z. B. auf die Knochen, die Lunge, das Gehirn oder möglicherweise auf die Leber. Diese Art von Prozess wird als Metastasierung bezeichnet und tritt auf, wenn sich Krebszellen vom ursprünglichen Brusttumor ablösen und über die Blutbahn oder das Lymphsystem wandern.

Das Wiederauftreten von Brustkrebs in bestimmten Körperregionen Monate oder Jahre nach der Erstdiagnose und der Behandlung wird als metastatisches oder Fernrezidiv bezeichnet. Etwa 30 % der Frauen, bei denen Brustkrebs im Frühstadium diagnostiziert wird, entwickeln eine metastasierende Erkrankung. Obwohl männlicher Brustkrebs seltener und aggressiver ist, können auch Männer an metastasierendem Brustkrebs erkranken.

Wenn Brustkrebs zunächst in einem metastasierten Zustand erkannt wird, spricht man von de novo metastasiertem Brustkrebs, was bedeutet, dass er sich zum Zeitpunkt der Diagnose bereits auf andere Teile des Körpers ausgebreitet hat.

Bei metastasierendem Brustkrebs unterscheiden sich die Zellen vom ursprünglichen Brusttumor. Wenn Brustkrebs auf den Knochen übergreift, enthält der entstehende Knochentumor daher die Brustkrebszellen und nicht die Knochenkrebszellen.

Die Diagnose metastasierender Brustkrebs kann eine Reihe von Emotionen auslösen, darunter Wut, Angst, Stress, Besorgnis oder Traurigkeit. Die Betroffenen stellen möglicherweise die bisherige Behandlung in Frage, und die Hauptsorge gilt den Anbietern im Gesundheitswesen, oder sie erleben eine Vielzahl von Bewältigungsmechanismen. Der Einzelne sollte dem Vorrang geben, was sich für ihn richtig anfühlt.

Die Symptome:

Die Symptome von metastasierendem Brustkrebs können je nach Lokalisation des Krebses variieren, können aber folgende sein

- o Anhaltende Rücken-, Knochen- oder Gelenkschmerzen
- o Schwierigkeiten beim Urinieren
- o Taubheit oder Schwäche
- o Chronisch trockener Husten
- o Atembeschwerden
- o Schmerzen in der Brust
- o Appetitlosigkeit
- o Unterleibsbeschwerden oder anhaltende Übelkeit
- o Gelbsucht (Gelbfärbung der Haut und des Weißen in den Augen)
- o Starke Kopfschmerzen

○ Sehstörungen (verschwommenes Sehen, Doppeltsehen, Verlust des Sehvermögens)

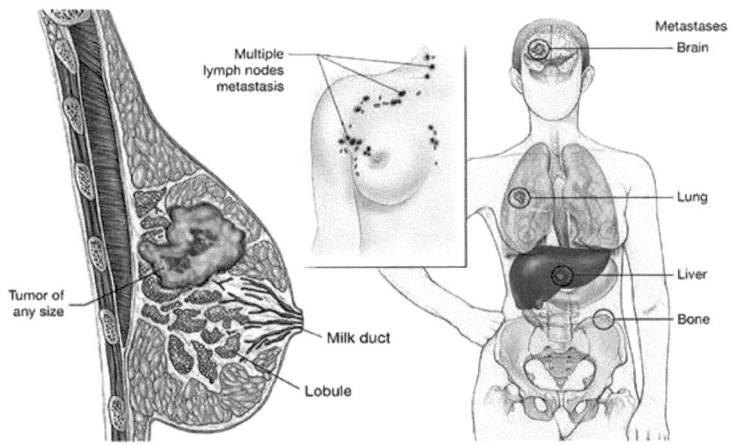

Abbildung 13: Dieses Bild zeigt den metastasierten Brustkrebs.

Stadien von Brustkrebs

Es gibt fünf Stadien von Brustkrebs, die bei Null beginnen und bis zu vier reichen. (Sie werden mit den römischen Ziffern I, II, III und IV bezeichnet.) Zwischen einigen Stadien gibt es mehrere Variablen.

Tumore werden in Millimetern und Zentimetern geschätzt (zehn Millimeter entsprechen einem Zentimeter). Daher messen wir Tumore in Millimetern.

Brustkrebs im Stadium 0:

Brustkrebs im Stadium 0 ist das Anfangsstadium, in dem sich nicht-invasive Krebsarten oder Präkanzerosen wie das duktale Karzinom in situ (DCIS) entwickeln. In diesem Stadium gibt es keinen Nachweis von Krebszellen, die in nahe gelegenes normales Gewebe eindringen.

Brustkrebs im Stadium I:

Stadium I ist gekennzeichnet durch einen sehr frühen invasiven Krebs, bei dem sich die Tumorzellen auf das nächste Brustgewebe ausgebreitet haben, aber noch auf einen kleinen Bereich beschränkt sind. Es wird weiter in zwei Unterkategorien unterteilt:

- Stufe IA
- Stufe IB

Stadium IA: Der Tumor wird auf bis zu 20 Millimeter geschätzt, ohne Krebs in den Lymphknoten.

Stadium IB: Entweder ein kleiner Tumor (bis zu 20 Millimeter) mit kleinen Ansammlungen von Krebszellen in den Lymphknoten oder kein Tumor in der Brust, aber mit kleinen Ansammlungen von Krebszellen in den Lymphknoten.

Brustkrebs im Stadium II:

Stadium II bedeutet, dass der Krebs in einem begrenzten Bereich der Brust gewachsen ist oder sich vergrößert hat. Es wird unterteilt in:

- Stufe IIA
- Stufe IIB

Stadium IIA: Kein Tumor in der Brust oder ein Tumor von bis zu 20 Millimetern mit Ausbreitung des Krebses auf die umliegenden Lymphknoten oder ein Tumor von 20 bis 50 Millimetern in der Brust ohne Lymphknotenbefall.

Stufe IIB:

Ein Tumor von 20 bis 50 Millimetern mit Ausbreitung des Krebses auf einen bis drei nächstgelegene Lymphknoten oder ein Tumor von mehr als 50 Millimetern ohne Lymphknotenbefall.

Brustkrebs im Stadium III:

Stadium III zeigt eine weitere Ausbreitung in der Brust oder eine größere Tumorgröße. Zu den Unterkategorien gehören:

- Stufe IIIA
- Stufe IIIB
- Stufe IIIC

Stufe IIIA:

Krebs in vier bis neun nahe gelegenen Lymphknoten oder ein größerer Brusttumor mit Krebsausbreitung auf einen bis drei nahe gelegene Lymphknoten.

Stufe IIIB:

Der Tumor hat sich auf die Brustwand, die Haut oder bis zu neun Achsellymphknoten ausgebreitet.

Stufe IIIC:

Vorhandensein von Krebs in zahlreichen Lymphknotenbereichen oder Hautbefall.

Brustkrebs im Stadium IV:

Stadium IV ist das fortgeschrittenere, bei dem sich der Krebs neben der Brust auch auf andere Körperteile ausgebreitet hat, darunter Organe wie Lunge, Leber, Gehirn oder Knochen. Es kann sich entweder um eine Frühdiagnose in diesem Stadium handeln oder um ein Wiederauftreten von zuvor diagnostiziertem Brustkrebs.

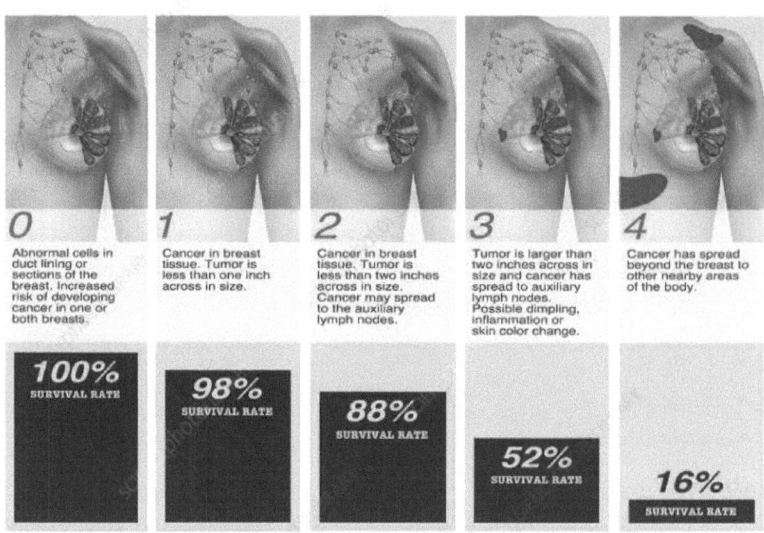

Abbildung 14: Dieses Bild zeigt die Stadien von Brustkrebs.

Risikofaktoren für Brustkrebs

Ein Risikofaktor ist jeder Faktor, der die Wahrscheinlichkeit erhöht, an Krebs zu erkranken; die meisten verursachen ihn jedoch nicht direkt. Manche Menschen mit verschiedenen Risikofaktoren erkranken sicher nicht an Krebs, andere hingegen schon. Die Kenntnis dieser Faktoren kann uns helfen, unseren Lebensstil und unsere Gesundheitsfürsorge zu überdenken. Risikofaktoren beeinflussen auch den Brustkrebs, der sich vor allem bei Frauen schnell entwickelt.

Brustkrebs wird in zwei Kategorien eingeteilt: sporadisch und erblich bedingt. Sporadische Fälle sind auf zufällige Genschäden nach der Geburt zurückzuführen und stellen kein erbliches Risiko dar. Vererbte Fälle sind auf Genmutationen zurückzuführen, die in Familien weitergegeben werden, wie BRCA1-, BRCA2- und PALB2-Mutationen, die zu unkontrolliertem Zellwachstum und -entwicklung führen können. Diese beiden Kategorien verstärken das schnelle Wachstum von Brustkrebszellen.

Es gibt viele Risikofaktoren, die sich auf das Brustkrebsrisiko auswirken, darunter das Alter, die persönliche und familiäre Vorgeschichte, die genetische Veranlagung und Lebensstiloptionen wie Gewicht, körperliche Aktivität, Alkoholkonsum und Hormonersatztherapie. Darüber hinaus können auch viele medizinische Situationen und Umwelteinflüsse das Risiko erhöhen. Diese Risikofaktoren lassen sich auch durch zahlreiche Präventions- und Behandlungsmaßnahmen in den Griff bekommen, um die Ursache dieser Krebsart zu beseitigen.

Nachstehend sind die Risikofaktoren für Brustkrebs aufgeführt:

- Alter
- Persönliche Geschichte von Brustkrebs
- Familienanamnese von Brustkrebs
- Vererbtes Risiko/genetische Veranlagung
- Persönliche Vorgeschichte von Eierstockkrebs
- Frühe Menstruation und späte Menopause
- Zeitpunkt der Schwangerschaft
- Hormonersatz
- Orale Verhütungsmittel oder Antibabypillen

- Brustdichte
- Atypische Hyperplasie der Brust
- Faktoren des Lebensstils
- Sozioökonomische Faktoren

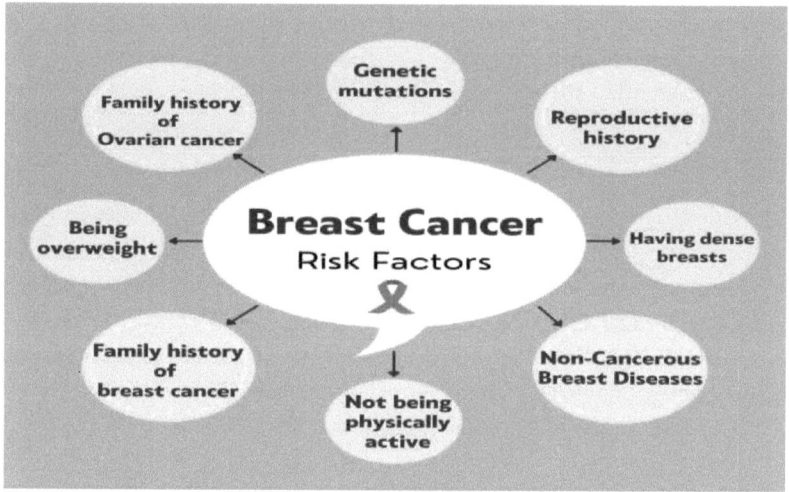

Abbildung 15: Dieses Bild zeigt die Risikofaktoren für Brustkrebs.

Alter:

Das Risiko, an Brustkrebs zu erkranken, steigt vor allem mit dem Alter. Die meisten Krebsarten treten nach dem 50. Lebensjahr auf. Das Durchschnittsalter für die Entwicklung von Brustkrebs liegt bei 63 Jahren. Das Alter ist der Hauptrisikofaktor, der einen großen Einfluss auf Brustkrebs ausübt und das Krebsrisiko erhöht.

Persönliche Vorgeschichte von Brustkrebs: Eine persönliche Vorgeschichte mit Brustkrebs erhöht auch das Risiko für diese Krankheit bei einer anderen Person. Eine Frau, die in einer von beiden Brüsten Brustkrebs hat, hat ein höheres Risiko, in der anderen Brust einen neuen Krebs zu entwickeln und zu wachsen. So entwickelt sich und wächst der Krebs in beiden Brüsten, wenn eine persönliche Vorgeschichte besteht

Brustkrebs in der Familiengeschichte:

In jeder dieser Situationen kann Brustkrebs in der Familie auftreten:

o Bei einer oder mehreren Frauen wird im Alter von 45 Jahren oder in jüngeren Jahren Brustkrebs diagnostiziert und untersucht.

o Bei einer oder mehreren Frauen wird vor dem 50. Lebensjahr Brustkrebs diagnostiziert und untersucht, und in der Familie gibt es weitere Krebserkrankungen wie Eierstockkrebs, metastasierender Prostatakrebs und Bauchspeicheldrüsenkrebs.

o Es gibt Brust- und/oder Eierstockkrebs in verschiedenen Generationen auf einer Seite der Familie, z. B. wenn sowohl eine Großmutter als auch eine Tante väterlicherseits mit einer dieser Krebsarten diagnostiziert und untersucht wurden

o Eine Frau in der Familie wird mit einem zweiten Brustkrebs in der gleichen oder der anderen Brust untersucht oder hat sowohl Brust- als auch Eierstockkrebs

o Bei einem Verwandten wird männlicher Brustkrebs diagnostiziert

o Besitz aschkenasischer jüdischer Abstammung

Es ist sehr wichtig, mit Ihrem Hausarzt zu sprechen, wenn in Ihrer Familie eine der oben genannten Erkrankungen aufgetreten ist. Es könnte ein Anzeichen dafür sein, dass in Ihrer Familie eine vererbte Genmutation für Brustkrebs vorliegt, z. B. BRCA1, BRCA2 oder PALB2.

Bei der Untersuchung der Familiengeschichte ist es auch wichtig, die väterliche Seite der Familie zu berücksichtigen. Die väterliche Seite ist ebenso wichtig wie die mütterliche Seite, wenn es um die Diagnose und die Bestimmung Ihres persönlichen Risikos für die Entwicklung und Zunahme von Brustkrebs geht.

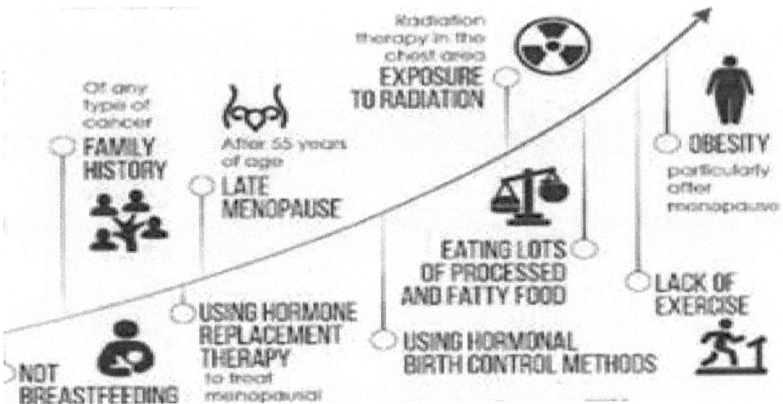

Abbildung 15: Dieses Bild zeigt die Risikofaktoren.

Vererbbare Anfälligkeit/genetische Vererbung:

Es gibt verschiedene vererbte Genmutationen, die mit einem erhöhten Risiko für Brustkrebs und viele andere Krebsarten in Verbindung gebracht werden. BRCA1 oder BRCA2 sind die häufigsten und ungewöhnlichsten bekannten Gene, die mit Brustkrebs in Verbindung gebracht werden. Mutationen in diesen Genen werden mit einem erhöhten Risiko für Brust- und Eierstockkrebs sowie für andere Krebsarten in Verbindung gebracht. Auch das Risiko für männlichen Brustkrebs sowie für Prostatakrebs und andere Krebsarten ist erhöht, wenn eine Mutation in einem dieser Gene vorliegt.

Das Brustkrebsrisiko einer Person kann auch durch andere Genanomalien oder vererbte Störungen erhöht werden. Im Vergleich zu BRA1 oder BRA2 sind sie jedoch weitaus seltener und erhöhen das Brustkrebsrisiko nicht wesentlich. Hier sind einige dieser Gene und Syndrome:

- o Lynch-Syndrom, verbunden mit den Genen MLH1, MSH2, MSH6 und PMS2
- o Cowden-Syndrom (CS), verbunden mit dem PTEN-Gen
- o Li-Fraumeni-Syndrom (LFS), verbunden mit dem TP53-Gen
- o Peutz-Jeghers-Syndrom (PJS), verbunden mit dem STK11-Gen
- o Hereditärer diffuser Magenkrebs, verbunden mit dem CDH1-Gen
- o PALB2-Gen
- o CHEK2-Gen

Andere Gene erhöhen möglicherweise das Risiko, an Brustkrebs zu erkranken. Um zu verstehen, wie sie das Risiko einer Person erhöhen, ist weitere Forschung erforderlich. Man kann zum Beispiel eine Genmutation erben und trotzdem keinen Brustkrebs haben. Auch die Suche nach anderen Genen, die das Brustkrebsrisiko beeinflussen können, ist noch nicht abgeschlossen. Es ist möglich, Gentests mit Blut- oder Speicheltests durchzuführen, um bekannte Mutationen in den Genen BRCA1 und BRCA2 sowie in anderen Genen, die mit Erbkrankheiten in Verbindung stehen, zu überprüfen. Erkundigen Sie sich bei Ihrem Arzt, ob Sie sich einem Gentest unterziehen sollten.

Ein Test, den Ihr Arzt möglicherweise vorschlägt, ist ein "Paneltest". Bei einem Paneltest wird gleichzeitig nach Mutationen in vielen Genen gesucht. Ihr Arzt kann eine beliebige Anzahl von Panel-Tests vorschlagen. Diese Tests sind nicht für jeden geeignet, und es ist ratsam, vor dem Test eine angemessene genetische Beratung in Anspruch zu nehmen, um sicherzustellen, dass der richtige Test durchgeführt wird und dass die Betroffenen über die Testergebnisse informiert sind.

Es gibt Tests, die eine Person direkt bei einem Testunternehmen anfordern kann, ohne dass eine ärztliche Anordnung erforderlich ist. Diese Tests werden in der Regel mit Hilfe eines Kits durchgeführt, das per Post verschickt wird. Wenn Sie sich dafür entscheiden, einen dieser Tests durchführen zu lassen, sollten Sie dies zunächst mit Ihrem Arzt besprechen, da einige Tests nur eine begrenzte Anzahl von Genen untersuchen. Das bedeutet, dass sie möglicherweise nur unvollständige Informationen liefern und dass Sie möglicherweise einen anderen Test benötigen, um alle Gene zu überprüfen, die aufgrund Ihrer Familiengeschichte für Sie wichtig sein könnten. Außerdem kann es sein, dass Sie den Test wiederholen müssen, um zu bestätigen, dass die Ergebnisse korrekt sind. Erfahren Sie mehr über die Grundlagen der Gentests für das Krebsrisiko.

Es gibt möglicherweise Maßnahmen, die man ergreifen kann, um das Risiko, an Brust- und Eierstockkrebs zu erkranken, zu verringern, wenn man herausfindet, dass man eine Genmutation hat. Sie könnten einen anderen Zeitplan für die Brustkrebsvorsorge verlangen als die Allgemeinheit, mit mehr Tests oder einem früheren Starttermin. Darüber hinaus könnten sie andere Vorsorgeuntersuchungen für andere Krankheiten verlangen, z. B. eine Darmspiegelung, die in einem früheren Alter durchgeführt wird, um Darmkrebs zu erkennen.

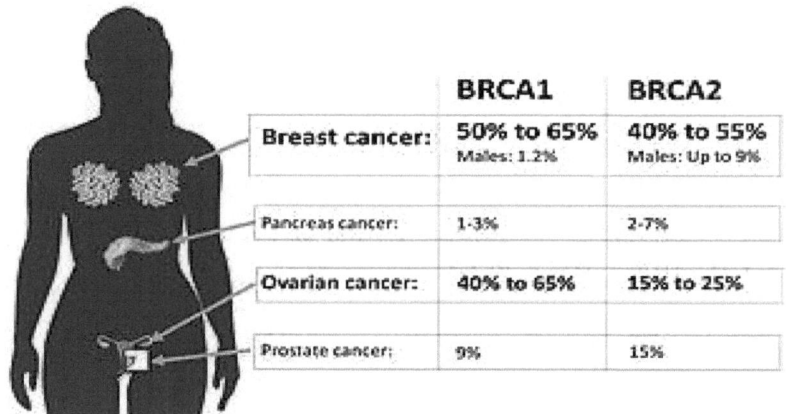

Abbildung Nr. 16: Dieses Bild zeigt die BRCA-Mutation.

Vorgeschichte der Person mit Eierstockkrebs:

Mutationen in Genen wie BRCA1 und BRCA2 erhöhen das Risiko, an Eierstock- und Brustkrebs zu erkranken, erheblich. Wenn also bei einer Person aufgrund einer BRCA-Genmutation erblicher Eierstockkrebs diagnostiziert wird, steigt auch ihr Brustkrebsrisiko. In ähnlicher Weise werden Mutationen in PALB2, RAD51C und RAD51D mit einem erhöhten Risiko für Eierstock- und Brustkrebs in Verbindung gebracht. Umgekehrt haben Frauen mit Brustkrebs, die keine Mutationen in diesen Genen geerbt haben, in der Regel kein erhöhtes Risiko für Eierstockkrebs.

Späte Menopause mit früher Menstruation:

Ein erhöhtes Brustkrebsrisiko wird mit einem frühen Einsetzen der Menstruation (vor dem 11. oder 12. Lebensjahr) oder einem späteren Einsetzen der Menopause (nach dem 55. Lebensjahr) in Verbindung gebracht. Dadurch ist das Brustkrebsrisiko bei Frauen höher. Dieses höhere Risiko ist darauf zurückzuführen, dass die Brustzellen länger auf Östrogen und Progesteron reagieren, Hormone, die für die Stimulation der sekundären Geschlechtsmerkmale wie Brustwachstum und Schwangerschaft verantwortlich sind. Die Produktion dieser Hormone nimmt mit zunehmendem Alter ab. Außerdem erhöht ein höheres Risiko für diese Hormone direkt das Risiko, an Brustkrebs zu erkranken, was für Frauen sehr gefährlich ist.

Wann man schwanger wird:

Wenn man die erste Schwangerschaft bis nach dem 35. Lebensjahr hinauszögert oder nie eine Schwangerschaft erlebt, erhöht sich das Brustkrebsrisiko. Es wird angenommen, dass eine Schwangerschaft vor Brustkrebs schützt, weil sie die letzte Phase der Brustzellreifung auslöst.

Hormonersatztherapie nach der Menopause:

Die Anwendung von Hormontherapien, die sowohl Östrogen als auch Gestagen enthalten, nach der Menopause wird normalerweise als Hormonersatztherapie bezeichnet. Diese Art von Therapien hat das Brustkrebsrisiko bei Frauen in den letzten 5 Jahren erhöht. Die Zahl der neu diagnostizierten Brustkrebsfälle ist zurückgegangen, weil die postmenopausale Hormontherapie weniger häufig eingesetzt wird. Meistens sind Frauen nach dieser Therapie mit dieser Art von Wahrscheinlichkeit konfrontiert.

Orale Verhütungsmittel oder Antibabypillen:

In einigen Studien wurde empfohlen, dass orale Verhütungsmittel, die zur Schwangerschaftsverhütung eingesetzt werden, das Risiko, an Brustkrebs zu erkranken oder zu wachsen, geringfügig erhöhen, während andere Studien zeigen, dass es keinen Zusammenhang zwischen der Verwendung oraler Verhütungsmittel und der Entwicklung von Brustkrebs gibt.

Ein ungewöhnlicher Fall von Brusthyperplasie:

Es handelt sich dabei um abnorme, aber nicht krebsartige Zellen, die bei einer Biopsie der Brust gefunden werden. Also, atypische Hyperplasie der Brust erhöht das höhere Risiko von Brustkrebs bei Frauen.

Brustdichte:

Ein dichtes Brustgewebe bedeutet in der Regel, dass Sie mehr Milchdrüsen, Milchgänge und Stützgewebe in der Brust haben als Fettgewebe. Dichtes Brustgewebe ist ein Maß, das zur Erklärung der Mammogrammbilder verwendet wird, im Vergleich dazu, wie sich die Brust anfühlt. Die Brustdichte ist meist die Ursache für Brustkrebs und erhöht das Risiko für diese Krebsart bei Frauen. Die Brustdichte nimmt normalerweise mit dem Alter ab. Dennoch kann dichtes Brustgewebe die Erkennung eines Tumors bei Standard-Bildgebungsuntersuchungen wie der Mammographie erschweren. Jüngste Studien zeigen, dass die Ergebnisse von Mammographien Informationen über die Brustdichte und die Wahrscheinlichkeit von Brustkrebs enthalten. Außerdem gibt es keine speziellen Screening-Richtlinien für Menschen mit dichtem Brustgewebe. Sie sollten lediglich vorbeugende Maßnahmen ergreifen, um das Brustkrebsrisiko zu senken.

Faktoren des Lebensstils:

Es gibt viele Lebensstilfaktoren, die das Brustkrebsrisiko bei Frauen erhöhen und verbessern.

1. Gewicht:

Der Gewichtsfaktor trägt zu einem höheren Brustkrebsrisiko bei. Übergewicht und die Zeit nach der Menopause erhöhen das Risiko, an Brustkrebs zu erkranken. Neuere Studien zeigen, dass auch das Gewicht zu den Faktoren gehört, die das Brustkrebsrisiko bei Frauen erhöhen.

2. Körperliche Aktivität:

Regelmäßige körperliche Aktivitäten verringerten das Risiko von Brustkrebs. In der Regel erhöht die Schwäche bei diesen Aktivitäten das Risiko von Brustkrebs.

3. Alkohol:

Alkoholkonsum wird mit einem höheren Brustkrebsrisiko in Verbindung gebracht. Vermeiden Sie daher den Konsum von alkoholischen Getränken wie Wein, Bier usw. Es gibt viele vorbeugende Maßnahmen zur Vermeidung von Alkoholkonsum und zur Verringerung des Brustkrebsrisikos. Jüngste Studien zeigen, dass dieser Faktor hauptsächlich mit der Entstehung von Brustkrebs in Verbindung gebracht wird.

4. Essen:

Lebensmittel, die reich an Eiweiß und vielen anderen lebenswichtigen Bestandteilen sind, sind gut für die Gesundheit. Diese sind besser für ein gesundes und gutes Leben. Diese Arten von Lebensmitteln dazu beitragen, zu reduzieren oder zu minimieren das Risiko von Brustkrebs.erhöhen auch den Verzehr von reichhaltigen Lebensmitteln, die Obst, Fleisch und Gemüse enthält.so; es minimiert das Risiko in weniger Menge.

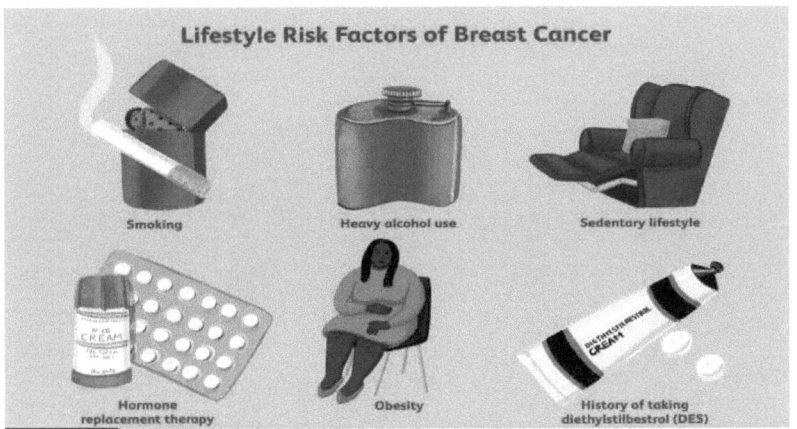

Abbildung 17: Dieses Bild zeigt die Lebensstil-Risikofaktoren.

Sozioökonomische Faktoren:

Alle wohlhabenden Frauen aller Rassen und Ethnien haben ein höheres Brustkrebsrisiko als weniger wohlhabende Frauen aus ähnlichen Gruppen. Diese Unterschiede können sich aus Unterschieden in den Ernährungsgewohnheiten, schwangerschaftsbezogenen Faktoren wie dem Alter der ersten Schwangerschaft und der Anzahl der Schwangerschaften sowie zahlreichen anderen Risikofaktoren ergeben. Bei Frauen aus ärmlichen Verhältnissen ist die Wahrscheinlichkeit höher, dass die Krankheit in einem fortgeschrittenen Stadium diagnostiziert wird und die Überlebensrate niedriger ist als bei wohlhabenden Frauen. Dies wird vor allem durch verschiedene Faktoren wie Lebensstil, andere Gesundheitszustände wie Fettleibigkeit und die Tumorbiologie beeinflusst. Diese Faktoren könnten also das Brustkrebsrisiko vor allem bei wohlhabenden Frauen erhöhen.

Strahlenbelastung in jungen Jahren:

Ionisierende Strahlung ist sehr gesundheitsgefährdend und verursacht in den meisten Fällen Hautkrebs und Brustkrebs, wenn der Körper dieser Strahlung ausgesetzt ist.

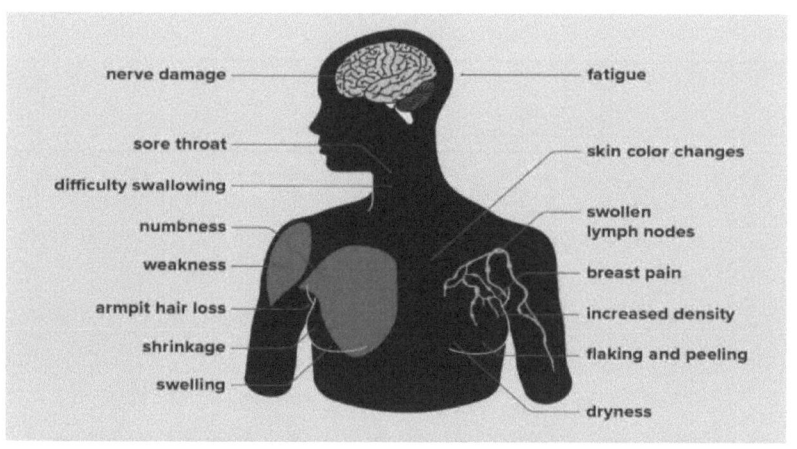

Abbildung 18: Dieses Bild zeigt die Auswirkungen der Strahlung.

Hauptsymptome von Brustkrebs

Verschiedene Menschen erleben Brustkrebs auf unterschiedliche Weise. Bei manchen Menschen treten weder Symptome noch Anzeichen auf.

Zu den Frühindikatoren für Brustkrebs gehören:

- Frische Brust- oder Achselhöhlenbeulen.
- Verdickung oder Vergrößerung des Brustkrebsgewebes.
- Hautausschläge oder Grübchen auf den Brüsten.
- Rötung oder trockene Haut um die Brüste oder Brustwarzen.
- Einziehen oder Wundsein im Bereich der Brustwarze.
- Ausfluss aus der Brust, der keine Muttermilch ist, wie z. B. Blut.
- Jede Veränderung der Größe oder Form der Brust.
- Unbehagen in einem beliebigen Teil der Brust.

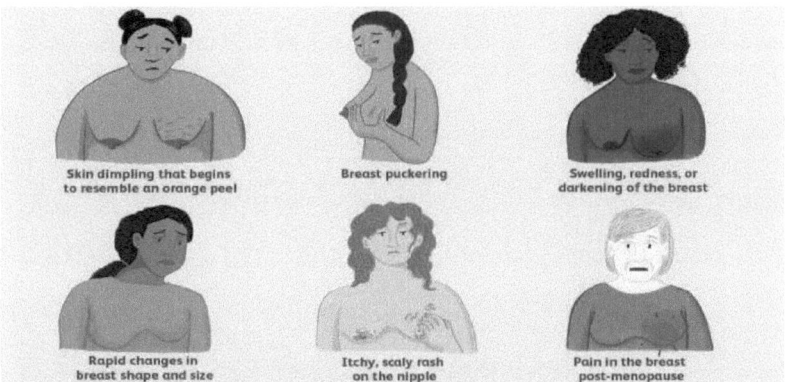

Abbildung 18: Dieses Bild zeigt die wichtigsten Symptome von Brustkrebs.

Behandlung von Brustkrebs

Brustkrebs wird auf unterschiedliche Weise behandelt. Sie hängt von der Art des Brustkrebses ab und davon, wie weit er sich ausgebreitet hat. Menschen mit Brustkrebs erhalten oft mehr als eine Art von Behandlung.

Im Folgenden werden die verschiedenen Behandlungen von Brustkrebs beschrieben:

➢ Chirurgie
➢ Chemotherapie
➢ Hormonelle Therapie
➢ Biologische Therapie
➢ Strahlentherapie

Chirurgie:

Bei der Operation werden sowohl der Tumor als auch das angrenzende gesunde Gewebe durch ein medizinisches Verfahren entfernt. Sie dient auch der Bestimmung der nahe gelegenen axillären Lymphknoten, die sich unter dem Arm befinden. Ein chirurgischer Onkologe ist ein Spezialist für die chirurgische Krebsbehandlung.

Je kleiner der Tumor ist, desto mehr chirurgische Möglichkeiten hat eine Patientin in der Regel. Es gibt folgende Arten von Operationen bei Brustkrebs:

1. Lumpektomie
2. Mastektomie

1-Lumpektomie:

Bei dieser Methode wird der Tumor zusammen mit einem kleinen, krebsfreien Bereich des umliegenden gesunden Gewebes entnommen oder entfernt, wobei der größte Teil des Brustgewebes erhalten bleibt. Bei invasivem Krebs wird nach der Operation häufig eine Strahlentherapie des verbleibenden Brustgewebes empfohlen, insbesondere bei jüngeren Patientinnen, bei hormonrezeptornegativen Tumoren und bei größeren Tumoren

Beim duktalen Karzinom in situ (DCIS) wird in der Regel eine Strahlentherapie im Anschluss an die Operation durchgeführt. Dieser chirurgische Ansatz kann auch als brusterhaltende Operation, partielle Mastektomie, Quadrantektomie oder segmentale Mastektomie bezeichnet werden.

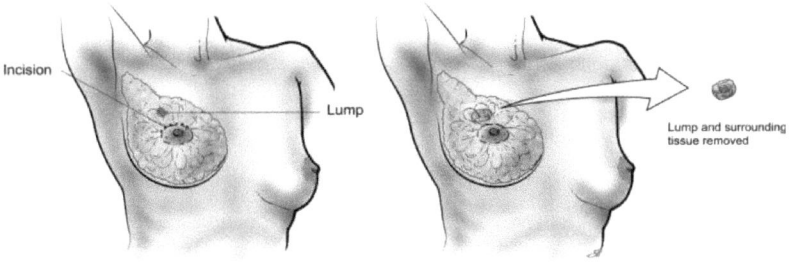

Abbildung Nr. 19: Dieses Bild zeigt die Lumpektomie.

2-Mastektomie:

Bei einer Mastektomie wird eine Brust chirurgisch entfernt oder herausgenommen, oft zusammen mit der Entfernung von angrenzendem Gewebe wie Lymphknoten. Sie dient im Wesentlichen der Behandlung von Brustkrebs und gelegentlich auch der Vorbeugung bei Frauen mit einem erhöhten Risiko für die Entwicklung und das Wachstum der Krankheit.

Eine Mastektomie kann durchgeführt werden:

- Wenn eine Frau nicht mit einer brusterhaltenden Operation (Lumpektomie) behandelt werden kann, bei der der größte Teil der Brust erhalten bleibt.
- Wenn sich eine Frau aus irgendeinem Grund für eine Mastektomie und nicht für eine brusterhaltende Operation entscheidet.
- Für Frauen mit einem sehr hohen Risiko, ein zweites Mal an Brustkrebs zu erkranken, die sich manchmal für eine doppelte Mastektomie (die Entfernung beider Brüste) entscheiden.

Arten von Mastektomien:

Es gibt verschiedene Arten von Mastektomien, je nachdem, wie die Operation durchgeführt wird und wie viel Gewebe entfernt oder entnommen wird.

1. Einfache Mastektomie:

Bei diesem chirurgischen Eingriff wird die gesamte Brust mit der Brustwarze, dem Warzenhof, der Faszie, die den großen Brustmuskel (Pectoralis major) bedeckt, und der Haut vom Chirurgen entfernt.

Je nach den Umständen und der Situation kann im Rahmen einer Sentinel-Lymphknotenbiopsie auch eine kleine Anzahl von Achsellymphknoten entfernt werden. In der Regel können die meisten Frauen am nächsten Tag aus dem Krankenhaus entlassen werden, wenn sie einen Krankenhausaufenthalt benötigen.

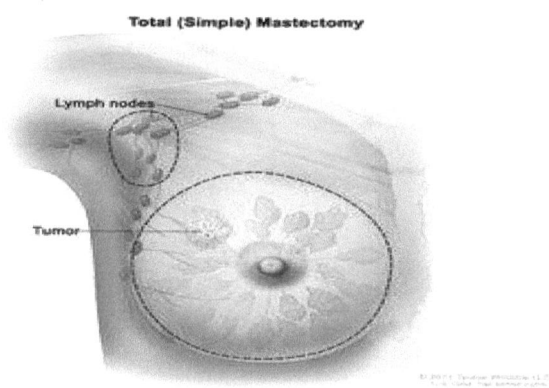

Abbildung 20: Dieses Bild zeigt die einfache Mastektomie.

2. Geänderte radikale Mastektomie:

Bei einer veränderten radikalen Mastektomie, die auch als modifizierte radikale Mastektomie bezeichnet wird, wird eine einfache Mastektomie mit der Entfernung oder Entnahme der Lymphknoten unter dem Arm (sogenannte axilläre Lymphknotendissektion) kombiniert.

Diese Art der Mastektomie wird häufig zur Behandlung von Brustkrebs durchgeführt und beinhaltet eine umfangreichere Gewebeentfernung als eine einfache Mastektomie. Der Begriff "modifiziert" bedeutet, dass zwar viel Brustgewebe entfernt wird, die Brustmuskeln aber erhalten bleiben, was sie von einer radikalen Mastektomie unterscheidet, bei der auch die Brustmuskeln entfernt werden.

Illustration des Schnittes, des zu entfernenden Brustgewebes und der Lymphknoten sowie des postoperativen Erscheinungsbildes:

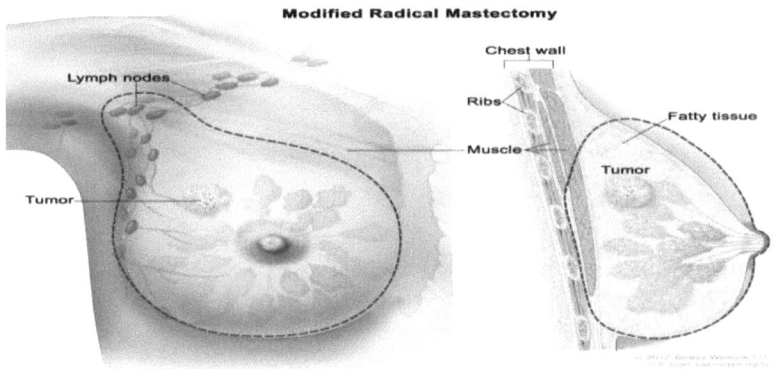

Abbildung Nr. 21: Dieses Bild zeigt die modifizierte radikale Mastektomie.

3. Radikale Mastektomie:

Diese umfangreiche Operation wird heute nur noch selten durchgeführt. Der Chirurg entfernt oder entnimmt die gesamte Brust, die Lymphknoten in den Achselhöhlen und die Brustwandmuskeln unterhalb der Brust. Diese Operation war früher sehr häufig, aber es hat sich herausgestellt, dass weniger einschneidende Operationen (wie die modifizierte radikale Mastektomie) ebenso wirksam sind und weniger Nebenwirkungen haben. Diese Operation kann durchgeführt werden, wenn der Tumor wächst oder in die Brustmuskeln eindringt.

3. Hautsparende Mastektomie:

Bei dieser Methode bleibt der größte Teil der Haut, die die Brust bedeckt, erhalten. Nur das Brustgewebe, die Brustwarze und der Warzenhof werden entfernt oder isoliert, wobei die Menge des entfernten Brustgewebes der einer einfachen Mastektomie entspricht. Chirurgische Optionen zur Brustrekonstruktion, wie Implantate oder Gewebe aus anderen Körperbereichen, können gleichzeitig eingesetzt werden.

Die hautsparende Mastektomie wird von vielen Frauen geschätzt, da sie den Vorteil hat, dass nur wenig Narbengewebe zurückbleibt und die rekonstruierte Brust ein natürlicheres Aussehen und eine natürlichere Textur aufweist. Außerdem ist sie für größere Tumore oder solche, die nahe der Hautoberfläche liegen, möglicherweise nicht geeignet.

Die Wahrscheinlichkeit eines lokalen Krebsrezidivs nach dieser Mastektomie im Vergleich zu anderen Mastektomiearten.

Experten empfahlen, dass hautsparende Mastektomien von einer Gruppe von Brustchirurgen durchgeführt werden sollten, die viel Erfahrung mit dieser Methode haben.

4. Brustwarzen-schonende Mastektomie:

Eine brustwarzenerhaltende Mastektomie ähnelt einer hautsparenden Mastektomie, bei der das Brustgewebe entfernt oder entnommen und die Brusthaut erhalten wird. Bei dieser Methode werden jedoch die Brustwarze und der Warzenhof an Ort und Stelle belassen. Danach ist eine Brustrekonstruktion möglich. Der Chirurg entfernt oder entnimmt während des Eingriffs häufig das Brustgewebe unter der Brustwarze und dem Warzenhof, um nach Krebszellen zu suchen. Wird in diesem Gewebe Krebs gefunden, müssen die Brustwarze und der Warzenhof entfernt oder entnommen werden. Diese Option der Mastektomie wird in der Regel häufiger bei Frauen mit kleinen Krebserkrankungen im Frühstadium erwogen, die mindestens 2 cm von der Brustwarze und dem Warzenhof entfernt sind und bei denen keine Anzeichen für Krebs in der Haut oder der Brustwarze vorliegen.

Wie bei den anderen Operationen bestehen auch bei dieser Methode Risiken. Nach der Operation kann es zu einer unzureichenden Blutversorgung der Brustwarze kommen, was zu einer Schrumpfung oder Verformung des Gewebes und zu einer verminderten Empfindung aufgrund der Durchtrennung der Nerven führt. Bei größeren Brüsten können die rekonstruierten Brustwarzen unpassend erscheinen.

Daher halten viele Ärzte diese Operation vor allem für Frauen mit kleinen bis mittelgroßen Brüsten aufrecht. Auch wenn weniger sichtbare Narben entstehen, besteht das Risiko, dass Brustgewebe zurückbleibt, was das Risiko eines Krebsrezidivs im Vergleich zu hautsparenden oder einfachen

Mastektomien erhöhen kann. Dank der Fortschritte in der Technik konnte dieses Risiko jedoch verringert werden, und die Rezidivraten sind mit denen anderer Mastektomiearten vergleichbar.

Die brusterhaltende Mastektomie wird in der Regel als eine geeignete Brustkrebsbehandlung in ausgewählten Fällen angesehen. Wie bei der hautsparenden Mastektomie wird empfohlen, dass diese Methode von einem erfahrenen Team von Brustchirurgen durchgeführt wird, die mit dieser Technik vertraut sind.

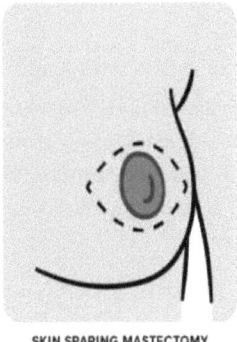 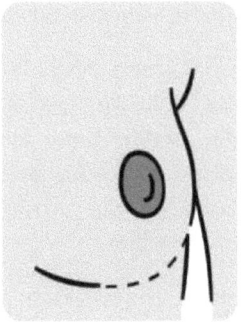

SKIN SPARING MASTECTOMY   NIPPLE SPARING MASTECTOMY

Abbildung Nr. 22: Dieses Bild zeigt die haut- und brustwarzenschonende Mastektomie.

5. Doppelte Mastektomie:

Wenn beide Brüste chirurgisch entfernt oder herausgenommen werden, spricht man von einer doppelten oder bilateralen Mastektomie. Diese Methode wird manchmal als Präventivmaßnahme für Frauen mit einem besonders hohen Brustkrebsrisiko angewandt, z. B. bei Frauen mit einer BRCA-Genmutation. Während bei den meisten dieser Mastektomien das gesamte Brustgewebe entfernt wird (einfache Mastektomie), können bei einigen die Brustwarzen erhalten bleiben. In einigen Fällen kann auch eine doppelte Mastektomie Teil der Brustkrebs-Behandlungsstrategie einer Frau sein.

Dieses Verfahren wird häufig aus zahlreichen Gründen durchgeführt, unter anderem:

- **Verringerung des Risikos**:

Frauen mit einem erhöhten Risiko, an Brustkrebs zu erkranken und zu wachsen, wie z. B. Frauen mit einer BRCA-Genmutation, können sich einer doppelten Mastektomie unterziehen, um ihr Erkrankungsrisiko deutlich zu senken. Durch die Entfernung beider Brüste wird die Wahrscheinlichkeit, dass sich in einer der beiden Brüste Krebs entwickelt, stark verringert.

- **Behandlung von Brustkrebs:**

In einigen Fällen, insbesondere wenn beide Brüste von Krebs befallen sind und ein höheres Risiko für ein Wiederauftreten des Krebses in der normalen Brust besteht, kann eine doppelte Mastektomie als Teil des Behandlungsplans vorgeschlagen werden. Die Entfernung beider Brüste kann dazu beitragen, die Ausbreitung oder das Wiederauftreten von Brustkrebs zu verhindern.

Vor einer doppelten Mastektomie führen die Patientinnen in der Regel ausführliche Beratungsgespräche und Diskussionen mit ihrem Gesundheitsteam oder ihren Ärzten, um die Risiken, Vorteile und möglichen Ergebnisse der Methoden zu verstehen. Die Patientinnen müssen sich an ihren Hausarzt wenden, um die Risikofaktoren wie familiäre oder persönliche Brustkrebsvorgeschichte zu überprüfen. Auch die psychologische Betreuung und die Nachsorge sind wichtige Bestandteile des Behandlungsverfahrens.

Insgesamt ist eine doppelte Mastektomie eine bedeutende und wichtige chirurgische Entscheidung, die sorgfältige Überlegungen, Verständnis und eine individuelle Planung erfordert, um das bestmögliche Ergebnis für die Patientin in Bezug auf die Verringerung des Krebsrisikos, die Behandlung und die Lebensqualität zu gewährleisten.

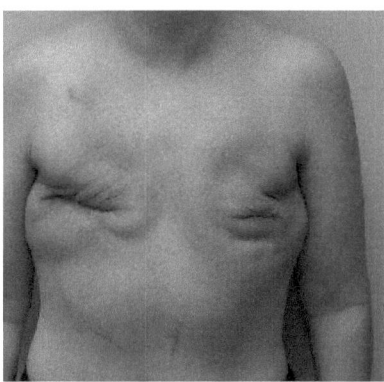

Abbildung 23: Dieses Bild zeigt die doppelte Mastektomie.

Chemotherapie:

Einsatz spezieller Medikamente, um die Krebszellen zu verkleinern oder abzutöten. Die Medikamente können in Form von Tabletten oder intravenös verabreicht werden, gelegentlich auch beides. Normalerweise wird die Chemotherapie in Form von Behandlungszyklen durchgeführt. Das bedeutet, dass Sie nach der Einnahme eines Medikaments zur Chemotherapie, entweder allein oder in Kombination, eine Pause einlegen, damit Ihr Körper heilen kann. Jeder Behandlungszyklus ist unterschiedlich und hängt davon ab, was Sie bekommen. In der Regel findet er jedoch alle 2 bis 4 Wochen statt.

➢ **Vor der Operation:**

Die Chemotherapie, die vor der Operation verabreicht wird, wird als neoadjuvante Therapie bezeichnet. Ihr Zweck ist es, die Größe des Krebses vor dem chirurgischen Eingriff zu minimieren. Infolgedessen kann bei einigen Personen eine brusterhaltende Operation (Lumpektomie) durchgeführt werden, anstatt eine Mastektomie vorzunehmen.

Eine Chemotherapie kann vor der Operation verabreicht werden, wenn Sie daran leiden**:**

- eine erhebliche Krebserkrankung
- HER 2 positiv Ein Glossar zum Thema Brustkrebs öffnen

- dreifach negativ Ein Glossar zum Thema Brustkrebs öffnen
- eine Erkrankung der Brust, die als entzündlicher Brustkrebs bezeichnet wird

> **Nach der Operation**:

Die adjuvante Therapie, die auch als Chemotherapie nach der Operation bezeichnet wird, wird vorgeschlagen, wenn die Befürchtung besteht, dass sich Krebszellen auf andere Teile des Körpers ausgebreitet haben könnten. Ihr Ziel ist es, die Wahrscheinlichkeit eines Wiederauftretens des Krebses zu verringern. Eine Chemotherapie nach einer Operation kann aus folgenden Gründen empfohlen werden:

- Die Krebszellen befanden sich in den Lymphknoten
- Den Krebszellen fehlen die Hormonrezeptoren. Wir bezeichnen diese Art von Brustkrebs als hormonrezeptor-negativ.
- Die Brustkrebszellen sind höhergradig (Grad 3)
- Ihr winziges Mammakarzinom ist positiv für HER2

> **Chemotherapie bei rezidivierendem Brustkrebs:**

Brustkrebs kann metastasieren, d. h. sich von der ursprünglichen Stelle auf andere Bereiche des Körpers ausbreiten, was zu sekundärem oder fortgeschrittenem Brustkrebs führt.

Die Chemotherapie wird vor allem bei der Behandlung von sekundärem Brustkrebs eingesetzt. Ihr Ziel ist es, die Größe des Krebses zu kontrollieren oder zu verringern und die damit verbundenen Symptome zu lindern. In vielen Fällen kann die Behandlung das Wachstum der Krebszellen über einen längeren Zeitraum, der von Monaten bis zu Jahren reichen kann, wirksam kontrollieren.

Bei der Behandlung von Brustkrebs wird eine Vielzahl von Chemotherapeutika eingesetzt. In der Regel wird eine Kombination aus zwei oder drei Medikamenten verabreicht, obwohl auch Einzeltherapien möglich sind.

> **Chemotherapeutische Medikamente**:

Die Auswahl der Medikamente hängt von verschiedenen Faktoren ab, darunter das Risiko eines erneuten Auftretens von Krebs und das Vorhandensein anderer Erkrankungen wie Herzprobleme.

Einige Beispiele für Chemotherapie-Medikamente, die Sie haben könnten:

- Paclitaxel
- Docetaxel
- Epirubicin
- Carboplatin
- Capecitabin
- Eribulin
- Cyclophosphamid (EC) und Epirubicin
- Docetexel und Cyclophosphamid (AC)
- Doxorubicin und Cyclophosphamid (TC)

Dies ist keine vollständige Liste aller Medikamente, die bei der Chemotherapie zur Behandlung von Brustkrebs eingesetzt werden. Erkundigen Sie sich bei Ihrem Arzt oder der Sie betreuenden Schwester, wie Ihr Medikament heißt, und werfen Sie dann einen Blick auf unsere Liste der Krebsmedikamente von A bis Z.

Wie haben Sie die Chemotherapie durchgeführt?

Die meisten Chemotherapeutika gegen Brustkrebs werden intravenös verabreicht, d. h. über einen Tropf direkt in die Blutbahn. Einige Medikamente sind auch in Tablettenform zur oralen Einnahme erhältlich.

➤ **Sie dringen in Ihr Gefäßsystem ein:**

Die Behandlung wird in der Regel über einen dünnen, kurzen Schlauch, eine so genannte Kanüle, verabreicht, die bei jeder Sitzung in eine Armvene eingeführt wird. Alternativ kann auch ein langer Kunststoffschlauch wie eine zentrale Leitung, eine PICC-Leitung oder ein Portakatheter verwendet werden, über den das Medikament in eine große Vene in Ihrer Brust geleitet wird. Diese Schläuche bleiben für die Dauer der Behandlung in Position.

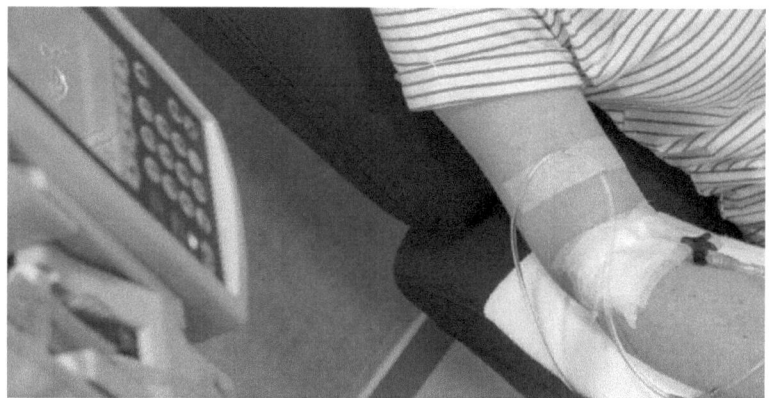

Abbildung 24: Diese Abbildung zeigt die Chemotherapiemethode.

➢ **Einnahme der Tabletten:**

Befolgen Sie bei der Einnahme von Tabletten die Anweisungen Ihres Arztes oder Apothekers. Ob Sie die Tabletten auf vollen oder leeren Magen einnehmen, kann die Aufnahme des Arzneimittels in den Blutkreislauf beeinflussen. Halten Sie sich immer an die verordnete Dosierung - weder mehr noch weniger. Setzen Sie Krebsmedikamente auf keinen Fall ab, ohne vorher Ihren Facharzt zu konsultieren.

➢ **Nachwirkungen der Chemotherapie:**

Chemomedikamente können je nach Art und Dosis der verabreichten Medikamente sowie der Dauer der Behandlung Nebenwirkungen verursachen. Zu den häufigsten unerwünschten Wirkungen, die auftreten können, gehören:

- Ausdünnen der Haare
- Änderungen der Nägel
- Schmerzen im Mund
- Appetitlosigkeit oder Gewichtsveränderungen
- Übelkeit und Erbrechen
- Diarrhöe
- Ermüdung
- Hitzewallungen und/oder vaginale Trockenheit in den Wechseljahren aufgrund einer Chemotherapie
- Schädigung der Nerven

- Die Chemotherapie kann auch die blutbildenden Zellen des Knochenmarks beeinträchtigen.
- Erhöhtes Infektionsrisiko (durch niedrige Anzahl weißer Blutkörperchen)
- Leichte Blutergüsse oder Blutungen (aufgrund niedriger Blutplättchenzahl)

Hormonelle Therapie:

Die Hormontherapie, die auch als hormonelle oder endokrine Therapie bezeichnet wird, soll das Wachstum hormonempfindlicher Tumoren hemmen oder reduzieren, indem sie entweder die körpereigene Hormonproduktion hemmt oder die Hormonwirkung auf Brustkrebszellen unterbricht. Diese Behandlung wird meist im Anschluss an eine Operation verabreicht.

➢ **Nach der Operation:**

Eine Hormontherapie wird in der Regel bei Brustkrebs nach der Operation verschrieben und als adjuvante Behandlung bezeichnet. Ziel der Hormontherapie ist es, das Risiko eines Wiederauftretens des Krebses zu verringern.

Folgt auf die Operation eine Chemotherapie, beginnt die Hormontherapie in der Regel nach Abschluss der Chemotherapie. Bei Patienten, die sich nach der Operation einer Strahlentherapie unterziehen, kann die Hormontherapie oft gleichzeitig begonnen oder bis zum Abschluss der Strahlentherapie verschoben werden.

Die Hormontherapie hängt davon ab:

- Die Art der Drogen.
- Nebenwirkungen von Medikamenten.
- Menopause wie persönliche Bedingungen.
➢ **Vor der Operation:**

Neoadjuvante Therapie, die vor der Operation verabreicht wird. Ziel ist es, einen großen Krebs zu verkleinern. Dieser Ansatz kann eine weniger umfangreiche Operation ermöglichen, z. B. die Entfernung nur des Tumors (Lumpektomie) anstelle der gesamten Brust (Mastektomie).

Regelmäßige Kontrolluntersuchungen bei Ihrem Arzt während der neoadjuvanten Hormontherapie überwachen das Ansprechen des Tumors und seine Verkleinerung.

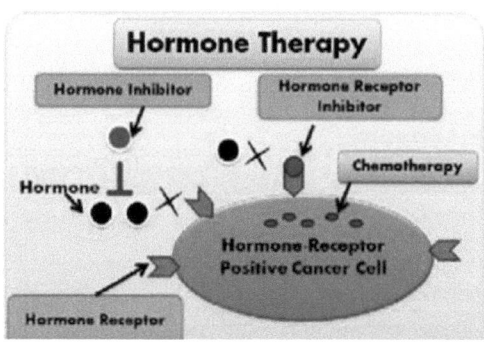

Abbildung 25: Dieses Bild zeigt die Hormontherapie.

Biologische Therapie:

Bei der biologischen Therapie, die auch als gezielte Therapie bezeichnet wird, wird das körpereigene Immunsystem zur Krebsbekämpfung eingesetzt. Bei diesem Ansatz werden Medikamente und Substanzen eingesetzt, die entweder natürlich vom Körper produziert oder in einem Labor synthetisiert werden, um das Immunsystem zur Bekämpfung von Krebszellen zu aktivieren.

Ziel ist es, bestimmte Moleküle auf den Zellen oder in der Umgebung zu bestimmen, die zu ihrem krebsartigen Verhalten beitragen. Auf diese Weise kann der Körper abnorme Zellen erkennen und beseitigen, bevor sie in andere Teile des Körpers metastasieren.

Arten von biologischen Therapien bei Brustkrebs:

Die folgenden Arten von biologischen Therapien sind zu nennen:

> **Monoklonale Antikörper:**

Monoklonale Antikörper (mAbs) sind synthetische Antikörper, die sich gezielt an bestimmte Moleküle, die so genannten Antigene, auf der Oberfläche von Brustkrebszellen anheften. Sie können unabhängig oder zusammen mit Chemotherapie-Medikamenten eingesetzt werden, um die Beseitigung von Krebszellen zu unterstützen.

Beispiele hierfür sind:

- Trastuzumab (Herceptin): Dieses mAb zielt auf das HER2-Protein bei Brustkrebs im frühen und fortgeschrittenen Stadium.
- Pertuzumab (Perjeta): Dieser mAb zielt ebenfalls auf das HER2-Protein bei Brustkrebs im frühen und fortgeschrittenen Stadium.
- Margetuximab (Margenza): Dieser mAb zielt auf das HER2-Protein bei Brustkrebs im fortgeschrittenen Stadium.

➢ **Antikörper-Wirkstoff-Konjugate:**

Bei Antikörper-Wirkstoff-Konjugaten werden monoklonale Antikörper verwendet, um Chemotherapeutika an Krebszellen zu binden, was eine präzisere Verabreichung der Therapie ermöglicht. Dieser gezielte Ansatz kann die Nebenwirkungen verringern, indem die für die Behandlung erforderliche Medikamentendosis reduziert wird. Die Konjugate sind mit bestimmten Chemotherapeutika verbunden.

Beispiele hierfür sind:

- Ado-Trastuzumab-Emtansin (Kadcyla): Dieses Antikörper-Wirkstoff-Konjugat ist mit dem Chemotherapeutikum Emtansin verbunden und zielt auf das HER2-Protein bei Brustkrebs im frühen und fortgeschrittenen Stadium.

➢ **PARP-Inhibitoren:**

PARP-Inhibitoren sind Arzneimittel, die die Funktion der PARP-Enzyme hemmen, die für die Reparatur von geschädigter DNA in Krebszellen entscheidend sind. Diese Störung kann das Überleben der Krebszellen nach einer Chemo- oder Strahlentherapie beeinträchtigen. Durch die Hemmung dieser Enzyme werden die Krebszellen anfälliger für die Behandlung, so dass sie besser auf die Zerstörung ansprechen.

Beispiele hierfür sind:

- Olaparib (Lynparza): Dieser PARP-Inhibitor wird zur Behandlung von frühem und fortgeschrittenem HER2-negativem Brustkrebs mit einer vererbten BRCA-Mutation eingesetzt.

- Talazoparib (Talzenna): Dieser PARP-Inhibitor wird zur Behandlung von HER2-negativem Brustkrebs mit einer BRCA-Mutation eingesetzt.

➤ **Kinase-Inhibitoren:**

Kinaseinhibitoren sind Medikamente, die auf eine bestimmte Klasse von Enzymen, die so genannten Kinasen, abzielen und diese hemmen oder behindern, die eine wichtige Rolle bei der Kontrolle der Vermehrung und Verbreitung von Krebszellen spielen. Durch die Hemmung dieser Enzyme kann das Wachstum und die Entwicklung von Tumorzellen verlangsamt oder gestoppt werden.

Beispiele hierfür sind:

- Neratinib (Nerlynx): Dieses oral einzunehmende Medikament ist für Patientinnen mit HER2-positivem Brustkrebs im Frühstadium vorgesehen, die ein Jahr lang das Medikament Trastuzumab eingenommen haben.

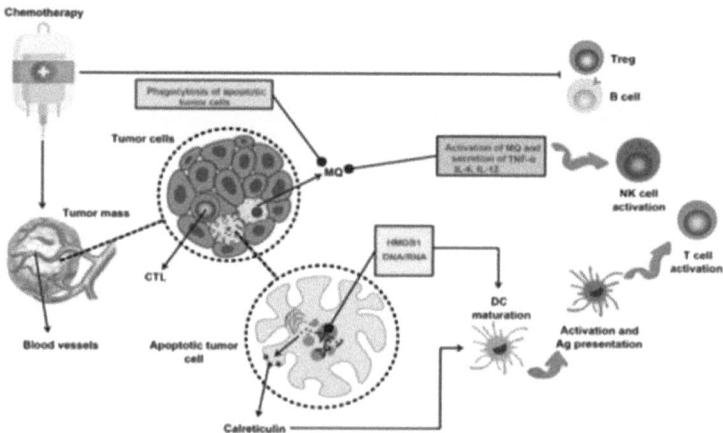

Abbildung 26: Dieses Bild zeigt die biologische Methode.

Strahlentherapie:

Die Strahlentherapie bei Brustkrebs ist eine örtlich begrenzte Behandlung, bei der hochenergetische Röntgenstrahlen oder andere Arten von Strahlung eingesetzt werden, um die Krebszellen gezielt zu zerstören. Sie wird in der Regel nach einer Operation, entweder einer Lumpektomie (brusterhaltenden

Operation) oder einer Mastektomie, eingesetzt, um verbleibende Krebszellen im Brustbereich oder in den umliegenden Lymphknoten zu vernichten. Im Folgenden werden die wichtigsten Punkte der Strahlentherapie erläutert:

1. Die Planung:

Vor Beginn der Strahlentherapie findet ein Planungsgespräch statt, bei dem bildgebende Verfahren wie CT-Scans eingesetzt werden, um das Behandlungsgebiet genau abzustecken.

Strahlenonkologen arbeiten eng mit Medizinphysikern und Dosimetrikern zusammen, um einen maßgeschneiderten Behandlungsplan zur Beseitigung der Krebszellen zu entwickeln.

2. Arten der Strahlentherapie:

- ➤ **Externe Bestrahlung:** Dies ist die häufigste Art der Bestrahlung, bei der ein Gerät außerhalb des Körpers den betroffenen Bereich der Brust bestrahlt.
- ➤ **Interne Bestrahlung (Brachytherapie):** In einigen Fällen werden radioaktive Implantate direkt in das Brustgewebe in der Nähe der Tumorstelle eingebracht. Dieser Ansatz ist weniger verbreitet, kann aber für bestimmte Patienten geeignet sein.

3. Durchführung der Behandlung:

Die Strahlentherapie wird in der Regel in täglichen Sitzungen über mehrere Wochen verabreicht. Die Gesamtdauer der Behandlung variiert und hängt von Faktoren wie dem Krebsstadium, der Tumorgröße und dem allgemeinen Gesundheitszustand ab.

Jede Bestrahlungssitzung dauert nur wenige Minuten und ist schmerzfrei.

Es kann sein, dass die Patienten auf einem Behandlungstisch in einer bestimmten Position liegen müssen, um eine genaue Ausrichtung der Strahlen zu gewährleisten.

4. Nebenwirkungen:

Zu den Nebenwirkungen der Strahlentherapie bei Brustkrebs können gehören:

- Hautreizung
- Rötung im behandelten Bereich
- Ermüdung
- Vorübergehende Veränderungen des Aussehens der Brust.

Die meisten Nebenwirkungen sind vorübergehend und klingen nach Abschluss der Behandlung ab.

5. Überwachung und Follow-up:

Die Patienten werden während der gesamten Strahlentherapie engmaschig überwacht, um die Nebenwirkungen in den Griff zu bekommen und die Wirksamkeit der Behandlung sicherzustellen.

Nach Abschluss der Strahlentherapie werden die Patienten regelmäßig von ihren Onkologen untersucht, um Anzeichen für ein Wiederauftreten des Krebses oder langfristige Nebenwirkungen zu erkennen.

6. Effektivität:

Durch die Strahlentherapie wurde das Risiko eines Wiederauftretens des Krebses im behandelten Brustbereich und in den angrenzenden Lymphknoten deutlich verringert.

Sie spielt eine entscheidende Rolle bei der Verbesserung der Gesamtüberlebensrate von Brustkrebspatientinnen, insbesondere in Kombination mit anderen Behandlungen wie Operation und Chemotherapie.

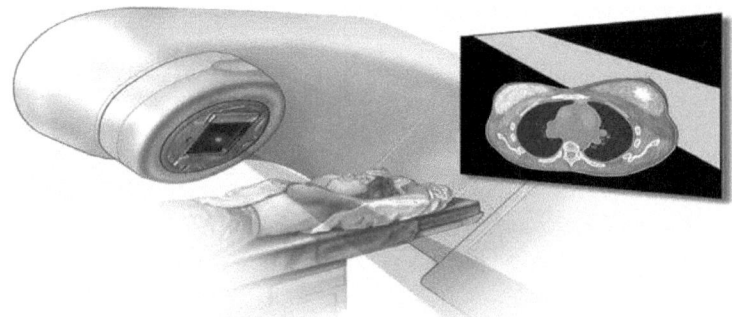

Abbildung 26: Dieses Bild zeigt die Strahlungsmethode.

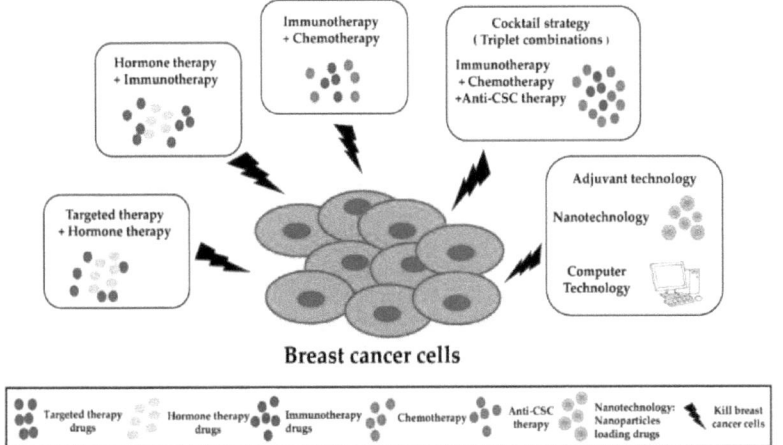

Abbildung 27: Dieses Bild zeigt die Behandlungsmethoden von Brustkrebs.

Vorbeugung von Brustkrebs

Im Folgenden werden die verschiedenen Maßnahmen zur Vorbeugung von Brustkrebs beschrieben:

1. Regelmäßiges Screening:

Regelmäßige Mammographien werden von medizinischen Fachkräften empfohlen, meist ab einem Alter von 40 Jahren oder früher, wenn Brustkrebs in der Familie vorkommt.

2. Gesunde Ernährung und Gewichtsmanagement:

Die wichtigste Vorbeugung ist eine ausgewogene Ernährung, die reich an Obst, Gemüse, Getreide und Eiweiß ist.

Vermeiden Sie den Verzehr von verarbeiteten Lebensmitteln, rotem Fleisch und auch den Konsum von zuckerhaltigen Getränken. Tägliches Training zur Gewichtszunahme und für ein gesundes Leben

3. Körperliche Aktivität:

Für eine bessere Gesundheit und zur Verringerung des Brustkrebsrisikos müssen Sie sich täglich körperlich betätigen und Rad fahren. Tägliche Bewegung hilft, das Brustkrebsrisiko zu minimieren, indem der Hormonspiegel reguliert und die allgemeine Gesundheit gefördert und verbessert wird.

4. Alkoholkonsum einschränken:

Sie müssen auch vermeiden, den Konsum von Alkohol zu nehmen; der Grund ist, dass alkoholische Dinge das Risiko von Brustkrebs maximiert und gefährlich für Ihre Gesundheit sind

5. Vermeiden Sie Tabakrauch und Passivrauchen:

Der Tabak ist sehr gefährlich für die Gesundheit, weil es den Krebs verursacht und auch die Brustkrebs so, vermeiden Sie sich vom Rauchen.

6. Stillen:

Stillen ist besser für Kinder, also geben Sie Ihren Kindern nur Muttermilch zu essen.

Stillen minimiert auch das Risiko, an Brustkrebs zu erkranken, und schützt auch Ihr Baby.

7. Hormonersatztherapie (HRT):

Die Hormonersatztherapie ist die wichtigste Methode zur Reduzierung der Brustkrebserkrankung. Diese Art der Therapie wird nur angewendet, wenn Sie unter Wechseljahrsbeschwerden leiden oder wenn diese Therapie für Ihre Erkrankung notwendig ist. Diese Therapie minimiert das Risiko von Brustkrebs, so dass ihre Dauer niedrig sein muss, um diesen Krebs zu kontrollieren. Sprechen Sie mit Ihrem Hausarzt.

8. Genetische Beratung und Tests:

Wenn Sie eine persönliche oder familiäre Geschichte haben, dann müssen Sie mit Ihrem Hausarzt zu prüfen, jedes Risiko dieser disease.so rechtzeitige Behandlung schützen Sie sich von dieser Art von Brustkrebs.

9. Medikamente:

Grundsätzlich sollte jede Frau, die ein erhöhtes Risiko für Brustkrebs hat, eine medizinische Betreuung in Anspruch nehmen, die ihr Medikamente vorschlägt: z. B. selektive Östrogenrezeptormodulatoren (SERMs) oder Aromatasehemmer, um das Erkrankungsrisiko zu minimieren.

10. Umwelt- und berufsbedingte Faktoren:

Reduzieren Sie die Exposition gegenüber Umweltgiften und Schadstoffen, wo immer dies möglich ist, und ergreifen Sie die erforderlichen Vorsichts- und Präventivmaßnahmen am Arbeitsplatz, wo eine chemische Belastung auftreten kann. Indem Sie all diese Präventionsmaßnahmen in Ihren Lebensstil und Ihre Routine integrieren und sich von medizinischem Fachpersonal beraten lassen, können Sie Ihr Risiko, an Brustkrebs zu erkranken, minimieren und Ihre allgemeine Gesundheit verbessern.

Zukunftsperspektiven von Brustkrebs

Die Zukunft von Brustkrebs liegt in einem vielschichtigen Ansatz, der Fortschritte bei der Früherkennung, der personalisierten Medizin, zielgerichteten Therapien, der Immuntherapie, neuen Behandlungsmodalitäten, der Betreuung von Überlebenden und der gesundheitlichen Chancengleichheit umfasst. In der Prozessforschung und Innovation werden verbesserte und erweiterte Screening-Technologien wie molekulare Bildgebung und blutbasierte Biomarker eingesetzt. Diese können die Früherkennung von Brustkrebsläsionen ermöglichen.

Präzise medizinische Ansätze, die sich der genomischen und molekularen Profilerstellung bedienen, werden die Identifizierung von zielgerichteten Mutationen und die Entwicklung und das Wachstum neuartiger zielgerichteter Therapien mit erhöhter Wirksamkeit und reduzierter oder minimierter Toxizität ermöglichen. Die Immuntherapie ist eine vielversprechende neue Behandlungsmethode, während neue Ansätze wie onkolytische Viren und auf Nanopartikeln basierende Arzneimittelverabreichungssysteme neue Wege für die Brustkrebsbehandlung eröffnen.

Nur wenn wir uns auf die Betreuung von Überlebenden und Initiativen zur Förderung der gesundheitlichen Chancengleichheit konzentrieren, können wir die Langzeitergebnisse und die Lebensqualität von Brustkrebspatientinnen und Überlebenden weiter optimieren und einen gleichberechtigten Zugang zu Betreuungs- und Unterstützungsdiensten für alle von der Krankheit betroffenen Personen gewährleisten.

REFERENZEN:

1-Byrnes GB, Southey MC, Hopper JL. Stellen die sogenannten Brustkrebsgene mit geringer Penetranz, ATM, BRIP1, PALB2 und CHEK2, ein hohes Risiko für Frauen mit einer ausgeprägten Familienanamnese dar? Breast Cancer Res. 2008; 10(3):208.

2-Dillon DA, Guidi AJ, Schnitt SJ. Kap. 25: Pathologie des invasiven Brustkrebses. In: HarrisJR, Lippman ME, Morrow M, Osborne CK, eds. Diseases of the Breast. 5th ed.Philadelphia, Pa: Lippincott-Williams & Wilkins; 2014.

3-Nationales Krebsinstitut. Abfrage von Arztdaten (PDQ). Brustkrebsbehandlung-Patienten Version. 2021. Abgerufen unter https://www.cancer.gov/types/breast/patient/breasttreatment-pdq am 24. Juni 2021

4-National Comprehensive Cancer Network (NCCN). Genetische/familiäre Hochrisikobewertung: Brust-, Eierstock- und Bauchspeicheldrüsenkrebs. Version 1.2022 - 11. August 2021, abgerufen unter https://www.nccn.org/professionals/physician_gls/pdf/genetics_bop.pdf am 17. September 2021.

5-Henry NL, Shah PD, Haider I, Freer PE, Jagsi R, Sabel MS. Kapitel 88: Krebs der Brust. In: Niederhuber JE, Armitage JO, Doroshow JH, Kastan MB, Tepper JE, eds. Abeloff's Klinische Onkologie. 6th ed. Philadelphia, Pa: Elsevier; 2020.

6-Jagsi R, King TA, Lehman C, Morrow M, Harris JR, Burstein HJ. Kapitel 79: BösartigeTumore der Brust. In: DeVita VT, Lawrence TS, Lawrence TS, Rosenberg SA, eds.DeVita, Hellman, and Rosenberg's Cancer: Principles and Practice of Oncology. 11thed. Philadelphia, Pa: Lippincott Williams & Wilkins; 2019.

7-Nationales Krebsinstitut. Abfrage von Arztdaten (PDQ). Breast Cancer Treatment - Patient Version. 2021. Abgerufen unter https://www.cancer.gov/types/breast/patient/breasttreatment-pdq am 24. Juni 2021.

8-Berger AH und Pandolfi PP. Kapitel 5: Krebsanfälligkeitssyndrome. In: DeVita VT, Lawrence TS, Lawrence TS, Rosenberg SA, eds. DeVita,

Hellman, and Rosenberg's Cancer: Prinzipien und Praxis der Onkologie. 11. Auflage. Philadelphia, Pa: Lippincott Williams & Wilkins; 2019.

9-Byrnes GB, Southey MC, Hopper JL. Stellen die so genannten Brustkrebsgene mit geringer Penetranz, ATM, BRIP1, PALB2 und CHEK2, ein hohes Risiko für Frauen mit einer ausgeprägten Familienanamnese dar? Breast Cancer Res. 2008; 10(3):208.

10-National Comprehensive Cancer Network (NCCN). Genetische/familiäre Hochrisikobewertung: Brust-, Eierstock- und Bauchspeicheldrüsenkrebs. Version 1.2022 - 11. August 2021, abgerufen unter https://www.nccn.org/professionals/physician_gls/pdf/genetics_bop.pdf am 17. September 2021.

11-Walsh MF, Cadoo K, Salo-Mullen EE, Dubard-Gault M, Stadler ZK und Offit K. Chapter 13: Genetic Factors - Hereditary Cancer Predisposition Syndromes. In: Niederhuber JE, Armitage JO, Doroshow JH, Kastan MB, Tepper JE, eds. Abeloff's Klinische Onkologie. 6th ed. Philadelphia, Pa: Elsevier; 2020.

12-Corben AD und Brogi E. Kapitel 21: Ductal Carcinoma In Situ and Other Intraductal Lesions: Pathologie, Immunhistochemie und molekulare Veränderungen. In: Harris JR, Lippman ME, Morrow M, Osborne CK, eds. Diseases of the Breast. 5th ed. Philadelphia, Pa: Lippincott-Williams & Wilkins; 2014.

13-Henry NL, Shah PD, Haider I, Freer PE, Jagsi R, Sabel MS. Kapitel 88: Krebs der Brust. In: Niederhuber JE, Armitage JO, Doroshow JH, Kastan MB, Tepper JE, eds. Abeloff's Klinische Onkologie. 6th ed. Philadelphia, Pa: Elsevier; 2020.

14-Jagsi R, King TA, Lehman C, Morrow M, Harris JR, Burstein HJ. Kapitel 79: Bösartige Tumore der Brust. In: DeVita VT, Lawrence TS, Lawrence TS, Rosenberg SA, eds. DeVita, Hellman, and Rosenberg's Cancer: Prinzipien und Praxis der Onkologie. 11th ed. Philadelphia, Pa: Lippincott Williams & Wilkins; 2019.

15-Nationales Krebsinstitut. Abfrage von Arztdaten (PDQ). Breast Cancer Treatment - Health Professional Version. 2021. Abgerufen unter https://www.cancer.gov/types/breast/hp/breast-treatment-pdq am 30. August 2021.

16-National Comprehensive Cancer Network (NCCN). Onkologische Praxisleitlinien für Brustkrebs. Version 7.2021. Zugänglich unter https://www.nccn.org/professionals/physician_gls/pdf/breast.pdf am 30. August 2021.

17-Arpino G, Infiltrierendes lobuläres Karzinom der Brust Tumormerkmale und klinisches Ergebnis. Breast Cancer Research. 2004; 6: 149.

18-Dillon DA, Guidi AJ, Schnitt SJ. Kap. 25: Pathologie des invasiven Brustkrebses. In: Harris JR, Lippman ME, Morrow M, Osborne CK, eds. Diseases of the Breast. 5th ed. Philadelphia, Pa: Lippincott-Williams & Wilkins; 2014.

19-Henry NL, Shah PD, Haider I, Freer PE, Jagsi R, Sabel MS. Kapitel 88: Krebs der Brust. In: Niederhuber JE, Armitage JO, Doroshow JH, Kastan MB, Tepper JE, eds. Abeloffs Klinische Onkologie. 6th ed. Philadelphia, Pa: Elsevier; 2020.

20-Huober J, Gelber S, Goldhirsch A, et al. Prognose des medullären Brustkrebses: Analyse von 13 Studien der International Breast Cancer Study Group (IBCSG). Ann Oncol. 2012; 23(11):2843-2851.

21-Jagsi R, King TA, Lehman C, Morrow M, Harris JR, Burstein HJ. Kapitel 79: Bösartige Tumore der Brust. In: DeVita VT, Lawrence TS, Lawrence TS, Rosenberg SA, eds. DeVita, Hellman, and Rosenberg's Cancer: Prinzipien und Praxis der Onkologie. 11th ed. Philadelphia, Pa: Lippincott Williams & Wilkins; 2019.

22-AJCC (American Joint Committee on Cancer) Cancer Staging Manual; 8th edition, 3rd printing, Amin MB, Edge SB, Greene FL, et al (Eds), Springer, Chicago 2018.

23-Giuliano AE, Connolly JL, Edge SB, et al. Breast Cancer-Major changes in the American Joint Committee on Cancer eighth edition cancer staging manual. CA Cancer J Clin. 2017; 67(4):290-303.

24- Erbas B, Provenzano E, Armes J, Gertig D. The natural history of ductal carcinoma in situ of the breast: a review. Breast Cancer Res Treat. 2006; 97(2):135-144.

25- Sanders ME, Schuyler PA, Simpson JF, Page DL, Dupont WD. Die fortgesetzte Beobachtung des natürlichen Verlaufs des niedriggradigen duktalen Karzinoms in situ bestätigt die Neigung zum lokalen Wiederauftreten auch nach mehr als 30 Jahren Nachbeobachtung. Mod Pathol. 2015; 28(5):662-669.

26- Collins LC, Tamimi RM, Baer HJ, Connolly JL, Colditz GA, Schnitt SJ. Outcome von Patienten mit unbehandeltem duktalen Karzinom in situ nach diagnostischer Biopsie: Ergebnisse aus der Nurses' Health Study. Cancer. 2005; 103(9):1778-1784.

27- Punglia RS, Bifolck K, Golshan M, et al. Epidemiology, Biology, Treatment, and Prevention of Ductal Carcinoma In Situ (DCIS). JNCI Cancer Spectr. 2018; 2(4):pky063.

28- Visser LL, Groen EJ, van Leeuwen FE, Lips EH, Schmidt MK, Wesseling J. Predictors of an Invasive Breast Cancer Recurrence after DCIS: A Systematic Review and Meta-analyses. Cancer Epidemiol Biomarkers Prev. 2019; 28(5):835-845.

29-SEER*Stat-Datenbanken: NAACCR Incidence Data - CiNA Analytic File, 1995-2016, für NHIAv2 Origin und für Expanded Races, Custom File With County, ACS Facts and Figures projection Project (das Daten aus dem National Program of Cancer Registries (NPCR) der CDC, den provinziellen und territorialen Registern des CCCR enthält, und den Surveillance, Epidemiology and End Results (SEER)-Registern des NCI), die von der North American Association of Central Cancer Registries (NAACCR) als qualitativ hochwertige Inzidenzdatenstandards für die angegebenen Zeiträume zertifiziert wurden, eingereicht im Dezember 2018.

30- Dieci MV, Orvieto E, Dominici M, Conte P, Guarneri V. Seltene Brustkrebs-Subtypen: histologische, molekulare und klinische Besonderheiten. Oncologist. 2014; 19(8):805-813.

31- Cheang MC, Martin M, Nielsen TO, et al. Definition der intrinsischen Subtypen von Brustkrebs durch quantitative Rezeptorexpression. Oncologist. 2015; 20(5):474-482.

32- Howlader N, Cronin KA, Kurian AW, Andridge R. Differences in Breast Cancer Survival by Molecular Subtypes in the United States. Cancer Epidemiol Biomarkers Prev. 2018; 28:28.

33- Parise CA, Caggiano V. Mortalitätsrisiko von Knoten-negativen, ER/PR/HER2-Brustkrebs-Subtypen bei T1-, T2- und T3-Tumoren. Breast Cancer Res Treat. 2017; 165(3):743-750.

34- Prat A, Adamo B, Cheang MC, Anders CK, Carey LA, Perou CM. Molekulare Charakterisierung von basalähnlichem und nicht basalähnlichem triplenegativem Brustkrebs. Oncologist. 2013; 18(2):123-133.

35- Plevritis SK, Munoz D, Kurian AW, et al. Association of Screening and Treatment With Breast Cancer Mortality by Molecular Subtype in US Women, 2000-2012. JAMA. 2018; 319(2):154-164.

36- Costa RLB, Gradishar WJ. Dreifach-negativer Brustkrebs: Aktuelle Praxis und künftige Richtungen. J Oncol Pract. 2017; 13(5):301-303. 16. Sharma P. Biology and Management of Patients With TripleNegative Breast Cancer. Oncologist. 2016; 21(9):1050-1062.

37- Wolff AC, Tung NM, Carey LA. Auswirkungen der neoadjuvanten Therapie bei humanem epidermalem Wachstumsfaktor-Rezeptor-2-positivem Brustkrebs. J Clin Oncol. 2019;3.

38- Miller KD, Siegel RL, Lin CC, et al. Krebsbehandlung und Überlebensstatistik, 2019. CA Cancer J Clin. 2019:1-23.

39- Mariotto AB, Etzioni R, Hurlbert M, Penberthy L, Mayer M. Estimation of the Number of Women Living with Metastatic Breast Cancer in the United States. Cancer Epidemiol Biomarkers Prev. 2017; 26(6):809-815.

40- Howlader N, Noone AM, Krapcho M, et al., eds. SEER Cancer Statistics Review, 1975-2016. Bethesda, MD: National Cancer Institute; 2019. Verfügbar unter seer.cancer.gov/csr/1975_2016/, basierend auf den im November 2018 eingereichten SEER-Daten, veröffentlicht auf der SEER-Website im April 2019.

41- Breen N, Gentleman JF, Schiller JS. Aktuelle Trends bei der Mammographie: Vergleich der Raten in den Jahren 2000, 2005 und 2008. Cancer. 2011; 117: 2209-2218.

42- Ravdin PM, Cronin KA, Howlader N, et al. Der Rückgang der Brustkrebsinzidenz im Jahr 2003 in den Vereinigten Staaten. N Engl J Med. 2007; 356(16):1670-1674.

43-Coombs NJ, Cronin KA, Taylor RJ, Freedman AN, Boyages J. The impact of changes in hormone therapy on breast cancer incidence in the US population. Cancer Causes Control. 2010; 21(1):83-90.

44- DeSantis C, Howlader N, Cronin KA, Jemal A. Die Brustkrebsinzidenzraten bei Frauen in den USA gehen nicht mehr zurück. Cancer Epidemiol Biomarkers Prev. 2011; 20(5):733-739.

45- Pfeiffer RM, Webb-Vargas Y, Wheeler W, Gail MH. Proportion of U.S. Trends in Breast Cancer Incidence Attributable to Long-term Changes in Risk Factor Distributions. Cancer Epidemiol Biomarkers Prev. 2018; 1:1.

46- Morrow M, Schnitt SJ, Norton L. Current management of lesions associated with a increased risk of breast cancer. Nature Rev Clin Oncol. 2015; 12(4):227-238.

47- Manson JE, Chlebowski RT, Stefanick ML, et al. Menopausal hormone therapy and health outcomes during the intervention and extended poststopping phases of the Women's Health Initiative randomized trials. JAMA. 2013;310(13):1353-1368.

48- Stout NK, Cronin AM, Uno H, et al. Östrogenrezeptorstatus und Risiko für kontralateralen Brustkrebs nach DCIS. Breast Cancer Res Treat. 2018;171(3):777-781.

49- Wong SM, King T, Boileau JF, Barry WT, Golshan M. PopulationBased Analysis of Breast Cancer Incidence and Survival Outcomes in Women Diagnosed with Lobular Carcinoma In Situ. Ann Surg Oncol. 2017; 24(9):2509-2517.

50- Masannat YA, Husain E, Roylance R, et al. Pleomorphes LCIS - was wissen wir? Eine britische multizentrische Prüfung des pleomorphen lobulären Karzinoms in situ. Breast. 2018; 38:120-124.

51- Dyrstad SW, Yan Y, Fowler AM, Colditz GA. Brustkrebsrisiko im Zusammenhang mit gutartigen Brusterkrankungen: systematische Überprüfung und Metaanalyse. Breast Cancer Res Treat. 2015; 149(3):569-575.

52- Hartmann LC, Degnim AC, Santen RJ, Dupont WD, Ghosh K. Atypische Hyperplasie der Brust - Risikobewertung und Behandlungsmöglichkeiten. N Engl J Med. 2015; 372(1):78-89.

53- Mazzola E, Coopey SB, Griffin M, et al. Reassessing risk models for atypical hyperplasia: age may not matter. Breast Cancer Res Treat. 2017; 165(2):285-291.

54- Bertrand KA, Tamimi RM, Scott CG, et al. Mammographic density and risk of breast cancer by age and tumor characteristics. Breast Cancer Res. 2013; 15(6):R104.

55-Boyd NF, Guo H, Martin LJ, et al. Mammographische Dichte und das Risiko und die Erkennung von Brustkrebs. N Engl J Med. 2007; 356(3):227-236.

56- Sprague BL, Gangnon RE, Burt V, et al. Prevalence of mammographically dense breasts in the United States. J Natl Cancer Inst. 2014; 106(10).

57- Huo CW, Chew GL, Britt KL, et al. Mammographic density-a review on the current understanding of its association with breast cancer. Breast Cancer Res Treat. 2014; 144(3):479-502.

58- Collaborative Group on Hormonal Factors in Breast Cancer. Brustkrebs und Stillen: kollaborative Reanalyse von Einzeldaten aus 47 epidemiologischen Studien in 30 Ländern, an denen 50302 Frauen mit Brustkrebs und 96973 Frauen ohne die Krankheit teilnahmen. Lancet. 2002; 360(9328):187-195.

59-Ma H, Ursin G, Xu X, et al. Reproduktive Faktoren und das Risiko für dreifach-negativen Brustkrebs bei weißen Frauen und afroamerikanischen Frauen: eine gepoolte Analyse. Breast Cancer Res. 2017; 19(1):6.

60- Faupel-Badger JM, Arcaro KF, Balkam JJ, et al. Postpartum remodeling, lactation, and breast cancer risk: summary of a National Cancer Institute-sponsored workshop. J Natl Cancer Inst. 2013; 105(3):166-174.

61- Islami F, Liu Y, Jemal A, et al. Stillen und Brustkrebsrisiko nach Rezeptorstatus - eine systematische Überprüfung und Meta-Analyse. Ann Oncol. 2015; 26(12):2398-2407.

62- Morch LS, Skovlund CW, Hannaford PC, Iversen L, Fielding S, Lidegaard O. Contemporary Hormonal Contraception and the Risk of Breast Cancer. N Engl J Med. 2017; 377(23):2228-2239.

63- Bassuk SS, Manson JE. Orale Kontrazeptiva und Hormontherapie in den Wechseljahren: relatives und zurechenbares Risiko für Herz-Kreislauf-Erkrankungen, Krebs und andere Gesundheitsfolgen. Ann Epidemiol. 2015; 25(3):193-200.

64-Westhoff CL, Pike MC. Hormonelle Empfängnisverhütung und Brustkrebs. Am J Obstet Gynecol. 2018; 219(2):169.e161-169.e164.

65- Ellingjord-Dale M, Vos L, Tretli S, Hofvind S, Dos-Santos-Silva I, Ursin G. Parity, hormones and breast cancer subtypes - results from a large nested case-control study in a national screening program. Breast Cancer Res. 2017; 19(1):10.

66- Soini T, Hurskainen R, Grenman S, Maenpaa J, Paavonen J, Pukkala E. Cancer risk in women using the levonorgestrel-releasing intrauterine system in Finland. Obstet Gynecol. 2014; 124(2 Pt 1):292- 299.

67-Dinger J, Bardenheuer K, Minh TD. Levonorgestrel-freisetzende und Kupfer-Intrauterinpessare und das Risiko von Brustkrebs. Contraception. 2011;83(3):211-217.

68- Li CI, Beaber EF, Tang MT, Porter PL, Daling JR, Malone KE. Effect of depo-medroxyprogesterone acetate on breast cancer risk among women 20 to 44 years of age. Cancer Res. 2012; 72(8):2028-2035.

69- Li K, Anderson G, Viallon V, et al. Risk prediction for estrogen receptor-specific breast cancers in two large prospective cohorts. Breast Cancer Res. 2018; 20(1):147.

70- Chlebowski RT, Manson JE, Anderson GL, et al. Estrogen plus Progestin und Brustkrebsinzidenz und -sterblichkeit in der Women's Health Initiative Observational Study. J Natl Cancer Inst. 2013; 105(8):526-535.

71-Nelson HD, Fu R, Zakher B, Pappas M, McDonagh M. Medication Use for the Risk Reduction of Primary Breast Cancer in Women: Aktualisierter Evidenzbericht und systematische Überprüfung für die US Preventive Services Task Force. JAMA. 2019; 322: 868-886.

72- Owens DK, Davidson KW, Krist AH, et al. Medication Use to Reduce Risk of Breast Cancer: US Preventive Services Task Force Recommendation Statement. JAMA. 2019; 322: 857-867.

73- Ludwig KK, Neuner J, Butler A, Geurts JL, Kong AL. Risikoreduktion und Überlebensvorteil einer prophylaktischen Operation bei BRCA-Mutationsträgern, eine systematische Übersichtsarbeit. Amer J Surg. 2016; 212(4):660-669.

74- Kotsopoulos J. BRCA-Mutationen und Brustkrebsprävention. Cancers. 2018; 10:12.

75- Oeffinger KC, Fontham ET, Etzioni R, et al. Breast Cancer Screening for Women at Average Risk: 2015 Guideline Update From the American Cancer Society. JAMA. 2015; 314(15):1599-1614.

76- Souza FH, Wendland EM, Rosa MI, Polanczyk CA. Ist die digitale Vollfeld-Mammographie genauer als die Screening-Film-Mammographie beim Screening der Gesamtbevölkerung? Eine systematische Überprüfung und Meta-Analyse. Breast. 2013; 22(3):217-22

77-Shaw C, Mortimer P, Judd PA. Randomisierte kontrollierte Studie zum Vergleich einer fettarmen Diät mit einer gewichtsreduzierenden Diät bei brustkrebsbedingten Lymphödemen. Cancer. 2007; 109(10):1949-1956.

78- Early Breast Cancer Trialists' Collaborative Group, Darby S, McGale P, et al. Effect of radiotherapy after breast-conserving surgery on 10-year recurrence and 15-year breast cancer death: meta-analysis of individual patient data for 10,801 women in 17 randomised trials. Lancet. 2011;378(9804):1707-1716.

79-Hughes KS, Schnaper LA, Berry D, et al. Lumpektomie plus Tamoxifen mit oder ohne Bestrahlung bei Frauen im Alter von 70 Jahren oder älter mit frühem Brustkrebs. N Engl J Med. 2004; 351(10):971-977.

80- Hickey BE, James ML, Lehman M, et al. Fraction size in radiation therapy for breast conservation in early breast cancer. Cochrane Database Syst Rev. 2016; 7:CD003860.

81- Cortazar P, Zhang L, Untch M, et al. Pathological complete response and long-term clinical benefit in breast cancer: the CTNeoBC pooled analysis. Lancet. 2014; 384(9938):164-172.

82- Sparano JA, Gray RJ, Makower DF, et al. Adjuvant Chemotherapy Guided by a 21-Gene Expression Assay in Breast Cancer. N Engl J Med. 2018; 379(2):111-121.

83- Murphy BL, Day CN, Hoskin TL, Habermann EB, Boughey JC. Der Einsatz neoadjuvanter Chemotherapie bei Brustkrebs ist bei Patienten mit hervorragendem Ansprechen am größten: Triple-Negative und HER2+ Subtypen. Ann Surg Oncol. 2018; 25(8):2241-2248.

84- Early Breast Cancer Trialists' Collaborative G. Long-term outcomes for neoadjuvant versus adjuvant chemotherapy in early breast cancer: meta-analysis of individual patient data from ten randomised trials. Lancet Oncol. 2018; 19(1):27-39.

85-von Minckwitz G, Huang CS, Mano MS, et al. Trastuzumab Emtansine for Residual Invasive HER2-Positive Breast Cancer. N Engl J Med. 2019; 380(7):617-628.

86- Masuda N, Lee SJ, Ohtani S, et al. Adjuvantes Capecitabin bei Brustkrebs nach präoperativer Chemotherapie. N Engl J Med. 2017; 376(22):2147-2159.

87- Burstein HJ, Lacchetti C, Anderson H, et al. Adjuvante endokrine Therapie für Frauen mit Hormonrezeptor-positivem Brustkrebs: ASCO Clinical Practice Guideline Focused Update. J Clin Oncol. 2019; 37(5):423-438.

88-Wheeler SB, Spencer J, Pinheiro LC, et al. Endocrine Therapy Nonadherence and Discontinuation in Black and White Women. J Natl Cancer Inst. 2019; 111(5):498-508.

89- Farias AJ, Du XL. Association Between Out-Of-Pocket Costs, Race/Ethnicity, and Adjuvant Endocrine Therapy Adherence Among Medicare Patients With Breast Cancer. J Clin Oncol.m 2017; 35(1):86-95.

90- Schmid P, Adams S, Rugo HS, et al. Atezolizumab and NabPaclitaxel in Advanced Triple-Negative Breast Cancer. N Engl J Med. 2018; 379(22):2108-2121.

91-American Joint Committee on Cancer. Die Brust. In: AJCC Cancer Staging Manual. 8. Auflage. New York, NY: Springer; 2017:589.

92-Curigliano G. Entzündlicher Brustkrebs und Brustwanderkrankungen: Die onkologische Perspektive. Eur J Surg Oncol. 2018 Aug; 44(8):1142-1147.

93-Hennessy BT, Gonzalez-Angulo AM, Hortobagyi GN, et al. Krankheitsfreies und Gesamtüberleben nach pathologischer Komplettremission des zytologisch nachgewiesenen inflammatorischen Mammakarzinoms mit axillären Lymphknotenmetastasen nach primärer systemischer Chemotherapie. Cancer. 2006; 106:10001006.

94-Henry NL, Shah PD, Haider I, Freer PE, Jagsi R, Sabel MS. Kapitel 88: Krebs der Brust. In: Niederhuber JE, Armitage JO, Doroshow JH, Kastan MB, Tepper JE, eds. Abeloff's Klinische Onkologie. 6th ed. Philadelphia, Pa: Elsevier; 2020.

95-Howlader N, Noone AM, Krapcho M, Miller D, Brest A, Yu M, Ruhl J, Tatalovich Z, Mariotto A, Lewis DR, Chen HS, Feuer EJ, Cronin KA (eds). SEER Cancer Statistics Review, 1975-2017, National Cancer Institute. Bethesda, MD, https://seer.cancer.gov/csr/1975_2017/, basierend auf den im November 2019 eingereichten SEER-Daten, veröffentlicht auf der SEER-Website im April 2020.

96-Jagsi R, King TA, Lehman C, Morrow M, Harris JR, Burstein HJ. Kapitel 79: Bösartige Tumore der Brust. In: DeVita VT, Lawrence TS, Lawrence TS, Rosenberg SA, eds. DeVita, Hellman, and Rosenberg's Cancer: Prinzipien und Praxis der Onkologie. 11. Auflage. Philadelphia, Pa: Lippincott Williams & Wilkins; 2019.

97-Menta A, Fouad TM, Lucci A, Le-Petross H, Stauder MC, Woodward WA, Ueno NT, Lim B. Inflammatory Breast Cancer: What to Know About This Unique, Aggressive Breast Cancer. Surg Clin North Am. 2018 Aug; 98(4):787-800.

98-Nationales Krebsinstitut. Entzündlicher Brustkrebs. 2016. Abgerufen unter https://www.cancer.gov/types/breast/ibc-fact-sheet am 30. August 2021.

Printed by Books on Demand GmbH, Norderstedt / Germany